Krischan Koch

Mord im Nord-Ostsee-Express

Ein Küsten-Krimi

dtv

Von Krischan Koch
sind bei dtv außerdem erschienen:
Flucht übers Watt
Venedig sehen und stehlen
Rote Grütze mit Schuss
Mordseekrabben
Rollmopskommando
Dreimal Tote Tante
Backfischalarm
Pannfisch für den Paten
Mörder mögen keine Matjes
Friedhof der Krustentiere
Der Weiße Heilbutt

FSC
www.fsc.org
MIX
Papier aus verantwortungsvollen Quellen
FSC® C019821

Originalausgabe 2022
4. Auflage 2022

Umschlaggestaltung: dtv
Umschlagillustration: Gerhard Glück
Satz: C.H.Beck.Media.Solutions, Nördlingen
Gesetzt aus der Garamond 10,4/15,2°
Druck und Bindung: Druckerei C.H.Beck, Nördlingen
Printed in Germany · ISBN 978-3-423-21991-4

Für Dietmar und unsere
Likörlieder singenden Frauen

»Ist Ihnen schon aufgefallen, dass zu viele Spuren
in diesem Raum vorhanden sind?«

Hercule Poirot in Agatha Christies
›Mord im Orient-Express‹

1

»Quel temps!«, echauffiert sich Professorengattin Angelica Müller-Siemsen in gestelztem Französisch.

»*Oui*, Madame, was für ein Wetter!« Der Reiseleiter Jean-Pierre Picon deutet mit theatralischer Geste auf das Schneegestöber. *»Une catastrophe!«* Aber ein bisschen genießt der kleine Französischlehrer den klimatischen Ausnahmezustand auch.

»Katastrophe? Na ja.« Der Fredenbüller Polizeihauptmeister Thies Detlefsen sieht skeptisch zu ihm hinunter. »Schnee zu Ostern hatten wir immer mal.«

»Ist aber Jahre her, lieber Detlefsen«, bemerkt der Dorfadlige Onno von Rissen in schneidigem Ton.

»*Mais oui*, es war aber Ostern!«, ruft Lateinlehrerin Agathe Christiansen besserwisserisch dazwischen.

Die kleine Reisegesellschaft, die auf dem Niebüller Bahnhof auf das Einfahren des Nord-Ostsee-Expresses wartet, ist ganz aus dem Häuschen. Der Französischkurs der Volkshochschule Bredstedt bricht zu einer Studienreise nach Paris auf. Voller Vorfreude reden alle aufgeregt durcheinander, und einige wollen unbedingt ein paar Französischbrocken aus dem Kurs anbringen.

»À quelle heure arrive le train?«, proklamiert Frau

Müller-Siemsen im Zeitlupen-Französisch und zieht sich fröstelnd ihr giftgrünes Steppjäckchen aus einer Pöseldorfer Edelboutique enger um die Schultern.

»*Tout de suite,* Madame Müller-Siemsen«, flötet Jean-Pierre Picon und neigt den eiförmigen Kopf zur Seite. Sein gerötetes Gesicht leuchtet unter dem Hut hervor. Das kleine Menjou-Bärtchen hüpft aufgeregt auf und ab. Der steife schwarze Hut ist inzwischen mit Schneeflocken gepunktet. Ansonsten wirkt Monsieur Picon wie aus dem Ei gepellt, als würde ein Fussel auf seinem makellosen dunklen Mantel ihm mehr Schmerzen bereiten als eine Schussverletzung. »*Tout de suite!*« Der Französischlehrer, der eigentlich Belgier ist, misst gerade mal einen Meter sechzig, aber seine Haltung demonstriert Würde und Entschlossenheit.

Die Reisenden sind viel zu dünn angezogen. Alle haben sich schon auf den Pariser Frühling, auf einen lauschigen Osterspaziergang in den Tuilerien und einen *café crème* am Boulevard Saint-Michel eingestellt. Die Damen frösteln in ihrer frühlingshaften Garderobe. Der Dorfadlige Onno von Rissen verschränkt in seinem großkarierten englischen Jackett die Arme vor der Brust und reibt sich mit den Händen die Ärmel. Agathe Christiansen kramt in einem Rollkoffer nach einer Stola. Nur Bountys Freundin, die schöne Giselle, sieht mit grünem Pantherblick unternehmungslustig aus ihrer mit Kunstpelz umrandeten Kapuze heraus, als wolle sie statt nach Paris mit Doktor Schiwago auf ein russisches Landgut reisen. Auch die greise Gräfin Ignatowski trägt

Pelz, und zwar komplett als Mantel. Und ihr Pelz ist echt.

»Dat is Nerz«, flüstert Polizistengattin Heike ihrem Mann zu.

»Diese Nerze, die sie in Dänemark zu Tausenden gekillt haben?« Der Fredenbüller Althippie Bounty wiegt den Kopf. Thies hat währenddessen alle Hände damit zu tun, die Gepäckstücke der Damen unter dem überdachten Abschnitt des Bahnsteigs halbwegs vor dem Schneegestöber in Sicherheit zu bringen.

Noch eine Handvoll weitere Fahrgäste hat sich ebenfalls auf dem Bahnsteig eingefunden. Doch die meisten der Wartenden gehören zum Französischkurs von Monsieur Picon. Die Lateinlehrerin des Husumer Theodor-Storm-Gymnasiums, Agathe Christiansen, besucht fast jeden Kurs, den die Bredstedter Volkshochschule anbietet. Sie weiß regelmäßig alles besser als die Dozenten und mischt sich reichlich penetrant überall ein. Der emeritierte Hamburger HNO-Professor Müller-Siemsen und seine Frau Angelica nutzen ihr schmuckes Reetdachhaus hinterm Deich wieder ausgiebiger und wollen mit dem Französischkurs und einer Parisreise ihre müde Ehe wieder in Schwung bringen. Auch für die Fredenbüller Dorfadligen Huberta und Onno von Rissen haben Monsieur Picons Französischstunden therapeutische Funktion. Das Paar lebt seit Jahrzehnten nebeneinanderher. Zu dieser gemeinsamen Unternehmung musste Huberta ihren Mann überraschenderweise nicht groß überreden. Dabei macht Onno den Kurs weniger aus Liebe zu seiner Frau, sondern mehr aus Leidenschaft für teuren roten Bordeaux. Durch den Kurs hofft er sein Wein-Französisch etwas zu erweitern.

Die von Rissens werden von ihrer alten Freundin, der greisen Sankt Petersburger, im schwedischen Exil lebenden Gräfin Ignatowski begleitet, die eigentlich gut Französisch spricht, es aber nicht versteht, was daran liegt, dass sie nicht mehr gut hört. Die Dame Ignatowski wiederum ist in Begleitung ihres langhaarigen Perserkaters Fjodor, der böse Blicke aus seinem altertümlichen Katzenkorb herauswirft. Althippie Bounty nimmt zwar nicht an dem Französischkurs teil, zu einem Trip in die Stadt der Liebe musste er von seiner neuen Flamme Giselle aber nicht lange überredet werden. Seit er die schöne Restaurantchefin im letzten Sommer auf der Nordseeinsel Amrum kennengelernt hat, schwebt er auf Wolke sieben, und das ganz ohne die selbstgezogenen Kräuter aus seinem Garten.

Nur Dorfpolizist Thies hatte sich bis zum Schluss gewehrt. Aber Gattin Heike hat sich in den Kopf gesetzt, der seit Langem schwelenden Ehekrise mit einer gemeinsamen Unternehmung zu begegnen. Und dem alternativ drohenden Tangokurs wollte Thies unbedingt aus dem Wege gehen.

»Da is die Mona Lisa dat kleinere Übel.«

2

Die Lichtkegel der beiden Autoscheinwerfer bohren sich durch das Schneegestöber. Die dicken Flocken wirbeln wie aus einem schwarzen Loch auf die Windschutzscheibe zu. Ole Matthiesen möchte sich auf dem Fahrersitz am liebsten wegducken. Er muss sich voll konzentrieren, nicht von der schmalen glatten Straße abzukommen und im Graben zu landen. Zwischen jedem pappenden Wedeln der Scheibenwischer drohen die beiden sichtfreien Halbkreise auf der Frontscheibe gleich wieder zuzuschneien. So einen Schneefall hat der junge Polizeianwärter in Schleswig-Holstein bewusst noch nicht erlebt. Dabei ist in ein paar Tagen Ostern. Nur in seiner Kindheit hatte es angeblich schon mal so einen späten Wintereinbruch gegeben. Teile von Nordfriesland und im Kreis Flensburg waren damals sogar eine Weile von der Außenwelt abgeschlossen gewesen. Und seine Eltern und Großeltern erzählen von der großen Schneekatastrophe irgendwann in den Neunzehnhundertsiebzigerjahren.

Ausgerechnet jetzt soll er den Polizeihauptmeister Thies Detlefsen in seiner Fredenbüller Wache für eine Woche vertreten. Thies hat ihm genaueste Anweisungen gegeben. »Dat is nich zu unterschätzen. Wir haben in Fredenbüll in den letzten Jahren eine Mordrate, da können andere nur von träumen. Du musst nich nur Fredenbüll, sondern auch dat ganze Deichvorland im Blick haben.« Für Ole Matthiesen ist es eine echte Bewährungsprobe.

Jetzt ist er auf seinem abendlichen Heimweg nach Niebüll, wo er noch bei seinen Eltern wohnt. Die Heimfahrt verbindet er mit einer Streife durchs Revier. Bei diesem Wetter ist kein Mensch mehr auf der Straße. In Schlüttsiel hängen in den Vorgärten ein paar eingeschneite Ostereier in den Bäumen und Sträuchern. Matthiesen nimmt nicht die Bundesstraße, sondern patrouilliert die Nebenstrecke am Deich entlang. Vor dem Kartoffelhof hinter Reusenbüll schwebt, von einem Scheinwerfer angestrahlt, ein gigantischer aufgeblasener Osterhase über dem weiten baumlosen Acker. Die rosaroten Riesenohren und der Saum der grünen Schürze sind die einzigen Farbkleckse in der weißen Landschaft. Der größte Teil des monströsen haushohen Plastikhasen, sein Kopf und der aufgepumpte Körper sind eingeschneit. Nur die großen Augen glotzen aus dem Schnee, und zwei idiotische Hasenzähne gucken gespenstisch aus einem Joker-Grinsen hervor. Im Vorbeifahren kommt es Ole in dem Schneegestöber wie ein Spuk vor.

Ein Stück weiter erkennt er schemenhaft ein paar Schafe, die dichtgedrängt unter einem eingeschneiten Unterstand dem vorbeifahrenden Polizeiwagen hinterhersehen. Und dann entdeckt er in einiger Entfernung, bestimmt über einen Kilometer entfernt, zwei rote Punkte, die ganz schwach in der verschneiten Dunkelheit glimmen. Die Landschaft, der Himmel, die Straße haben mittlerweile alle Konturen verloren. Nur die kleinen roten Rücklichter eines anderen Autos leuchten oszillierend in den auf die Frontscheibe einstürmenden Schneeflocken auf.

Ole schaltet die höhere Stufe des Scheibenwischers ein und beschleunigt. Der Wagen kommt kurz ins Rutschen und Schlingern. Aber dann zieht der Vorderantrieb ihn durch den verwehten Schnee, in dem nur zwei Fahrspuren zu erkennen sind. Die roten Rücklichter werden jeden Augenblick größer. Der vor ihm fahrende Wagen ist kaum zu erkennen, nur die beiden roten Striche. Sie nehmen deutlichere Konturen an. Irgendetwas kommt ihm an diesem weißen Auto seltsam vor.

Er kennt die Marke nicht. Dabei kennt sich Ole eigentlich mit Autos aus. Steht da »flow« auf der Kofferraumklappe oder »i-flow«? Vermutlich ein neues E-Fahrzeug aus Korea oder Japan. Es ist nicht zu hören und wegen der Farbe kaum zu sehen. Aber eines sieht Ole Matthiesen sofort: Dieses weiße Auto aus Fernost hat kein Kennzeichen, nicht mal ein rotes Nummernschild, gar nichts. Ist die Kiste etwa geklaut?

Kurzentschlossen schaltet er das Blaulicht an, das rote Anhaltesignal »Stopp Polizei« und fährt dichter auf. Das andere Fahrzeug schwebt eine Weile unbeirrt weiter durch den Schnee. Dann verlangsamt es die Fahrt und stoppt. Matthiesen weiß in der ersten Aufregung gar nicht, was zu tun ist. Er nimmt sich die Taschenlampe, überprüft den Sitz seiner Dienstwaffe im Holster und steigt aus. Die Schneeflocken wehen ihm sofort ins Gesicht. Hier draußen ist es verdammt kalt. Er stapft zu dem anderen Wagen. Es ist eine ganz normale Fahrzeugkontrolle, sagt er sich, kein Grund, nervös zu werden. Aber irgendwie hat er ein komisches Gefühl.

Der Fahrer des anderen Wagens lässt das eingeschneite Seitenfenster surrend herunter, nur einen größeren Spalt.

»Moin, Fahrzeugkontrolle.« Ole gibt sich alle Mühe, routiniert zu klingen. »Führerschein, Fahrzeugpapiere.« Er leuchtet dem Mann mit der Taschenlampe ins Gesicht.

Der Typ kneift die Augen zusammen und mustert ihn kritisch. Sein Beifahrer, der eine dicke Jacke trägt, wendet sich ab. Sein Gesicht, das er unter den mit Fell gefütterten Ohrenklappen einer voluminösen Mütze versteckt, kann Ole nicht sehen.

»Papiere? Klar«, antwortet der Fahrer und grinst. Ein Grinsen ist es eigentlich nicht, er verzieht nur den Mund mit dem zu einem Strich rasierten Oberlippenbärtchen und zeigt seine schlechten, schiefen Zähne. Er kramt in den Taschen seines zu weiten braun-beige gestreiften Jacketts. Ole leuchtet ihn an, dass er geblendet das Gesicht verzieht. Er richtet die Taschenlampe an ihm vorbei auf den Beifahrer, der sich daraufhin zu seinem Seitenfenster abdreht. Der Fahrer kommt bei der Suche nach seinen Papieren nicht weiter.

»Na, wat is? Wird langsam kalt hier draußen.« Matthiesen versucht seine Nervosität zu überspielen. Außerdem ist ihm inzwischen wirklich verdammt kalt.

»Mietwagen«, zischelt der Fahrer durch seine schiefen

Zähne. »Scheißelektrokiste.« Die Scheibe surrt ein Stück weiter nach unten.

»Und für Elektroautos braucht man keine Papiere, oder was?« Irgendwie hat sich Ole seine erste Fahrzeugkontrolle einfacher vorgestellt. Der Typ mit den schiefen Zähnen greift sich in die Innentasche der Jacke. Die roten Buchstaben »Stopp Polizei« leuchten vom Polizeiwagen herüber. Die Schneeflocken wehen dem jungen Polizisten jetzt noch mehr ins Gesicht. Er wird immer nervöser und langsam auch misstrauisch. Sucht der Typ in seiner Tasche möglicherweise nach einer Waffe?

»Steigen Sie bitte aus! Hände aus der Jacke und draußen gleich aufs Autodach!« Ole Matthiesen wünscht sich, er hätte diesen Wagen gar nicht angehalten.

»Was soll ich?«, nuschelt der Typ mit den schlechten Zähnen. Ole bemerkt, wie der andere etwas aus dem Handschuhfach kramt. Er tastet nach dem Holster mit seiner Dienstwaffe. Und dann hat der junge Polizeianwärter auf einmal eine auf ihn gerichtete, silbrig schillernde Pistole im Lichtkegel seiner Taschenlampe.

3

Die buntgemischte Reisegesellschaft von Monsieur Picon richtet sich in den Abteilen des Nord-Ostsee-Expresses ein. Die drei Waggons waren zwischenzeitlich schon mal ausrangiert und kommen jetzt wegen Reparaturarbeiten an den neuen Wagen vorübergehend noch mal zum Einsatz. Der Charme der alten Abteile mit der Holzimitation an den Wänden und den durchgesessenen Sitzen in grün verblichenem Kunstsamt ist mehr als verstaubt.

Einige Fahrgäste sitzen schon auf ihren reservierten Plätzen, die meisten laufen noch aufgeregt durcheinander. Thies und Bounty waren beim Verstauen der schweren Koffer und Taschen in den Gepäckregalen über den Sitzen behilflich. Onno von Rissen verstaut seinen Reiseproviant, einen kleinen Weinkarton, im Gepäckbord. Alle haben sich den Schnee von der Kleidung geschüttelt. Einige haben sich aus ihren Mänteln gepellt, andere haben ihre Anoraks noch anbehalten, schließlich muss man in Hamburg noch in den Schlafwagen nach Paris umsteigen.

Die russische Gräfin Ignatowski in ihrem Nerz hat auf dem Sitz mit dem abgewetzten Kunstsamt Platz genommen. Perserkater Fjodor liegt, nachdem er sein halbes Fell auf den Sitzen verteilt hat, neben ihr und zupft ständig an dem roten Halstuch von Frauchen.

»Ist das hier etwa das Erste-Klasse-Abteil?«, echauffiert sich Frau Ignatowski mit krähender Stimme und dreht den Kopf. Der ohnehin schon faltige Hals, der an eine Schildkröte erinnert, bekommt noch ein paar Falten mehr. »Das ist ja wie in Russland nach der Revolution.«

»Tja, die Abschaffung der ersten Klasse hat die Nord-Ostsee-Bahn ganz ohne Revolution hinbekommen.« Bounty, der vor der offenen Abteiltür auf dem Gang steht, grient die Gräfin an, und Giselle grient mit.

»Wir steigen ja demnächst um«, beruhigt Huberta von Rissen die alte Dame. »Und dann haben wir es etwas komfortabler … na ja, soweit dies auf einer Bahnreise möglich ist.«

Auch Fjodor lugt interessiert aus dem Abteil heraus, worauf ihm Agathe Christiansen nur halb versehentlich mit ihren altmodischen Sportschuhen einen kräftigen Tritt versetzt, dass der Perserkater jaulend über den Gang davonfegt.

»Dass Katzen überhaupt auf die Parisreise mitdürfen!«, beschwert sich die Lateinlehrerin bei Picon.

»Mais oui.« Jean-Pierre Picon hebt beschwichtigend die Hände. »*Je comprends*, aber Fjodor war lange vor Ihnen nach Paris gebucht.«

»Wenn ich das gewusst hätte«, stimmt Angelica Müller-Siemsen in die Beschwerde mit ein. »Überall diese Haare, eine Zumutung! Ich habe doch eine Katzenhaarallergie!«

Der Nord-Ostsee-Express hat im Schneetreiben den

Bahnhof von Niebüll verlassen und ohne Halt Bredstedt passiert. Der kleine Zug mit den beiden Waggons ist noch keine zwanzig Minuten unterwegs, als er in einer Schneewehe mitten in der Weite Nordfrieslands stecken bleibt.

In ihrer Aufgekratztheit bekommen es die Paris-Reisenden zuerst gar nicht mit. Thies Detlefsen bemerkt es als Erster.

»Ich will ja nichts sagen, aber wir stehen.«

Auf den ersten Blick ist es kaum zu erkennen. Vor den Zugfenstern wirbelt der Schnee. Aber dann bemerken alle das Fehlen der Fahrgeräusche. Nur der an dem Waggon rüttelnde Sturm ist zu hören.

»Wieso fahren wir nicht?« Angelica Müller-Siemsen empfindet den unerwarteten Halt als Zumutung. »Das kann doch nicht angehen.«

»Wir haben aber auch wirklich Pech mit 'm Wetter«, stellt Polizistengattin Heike fest.

»Was will man von der Bahn schon erwarten?!«, meckert Onno von Rissen mit blecherner Stimme.

»Na, für das Wetter kann die Bahn ausnahmsweise mal nichts«, wendet Agathe Christiansen ein. Sie ist eigentlich aus dem Fortgeschrittenenkurs, der gar nicht an der Reise teilnimmt. Aber mehr noch als das Schneetreiben scheint sich die Lateinlehrerin für den emeritierten HNO-Professor zu interessieren. Immer wieder mustert sie ihn mit kritisch abfälligem Blick. Frau Müller-Siemsen hat es natürlich längst bemerkt, ihr Mann geht einfach darüber hinweg.

Umgekehrt wird auch Agathe Christiansen von den

anderen misstrauisch beäugt. Die Dame hat sich im letzten Moment einen freigewordenen Platz in der Reisegruppe ergattert, sehr zum Missfallen vieler Mitreisenden.

»Das ist keine Lehrerin, sondern eine Sadistin«, zischelt Onno von Rissen hinter mehr oder weniger vorgehaltener Hand.

»Keine sehr angenehme Person«, pflichtet Huberta ihrem Mann bei.

»Nicht sehr angenehm ist gut! Pah!« Onno bekommt kaum Luft in seinem engen Hemdkragen. »Sie unterrichtet die Schüler nicht, sie treibt sie ins Verderben.«

»Übertreiben Sie da nicht etwas?«, wundert sich Heike.

»Na ja, bei unserem Sohn hätte es fast geklappt.«

»Wir haben demnächst vor Gericht mit der Dame zu tun.« Auch Angelica Müller-Siemsen pflegt offenbar eine persönliche Feindschaft mit Agathe.

Ehe die Paris-Reisenden das Thema weiterverfolgen können, ertönt, ähnlich blechern wie bei Onno, die Ansage des Schaffners aus dem Lautsprecher.

»Mein Name ist Dennis Wiese.« Es entsteht eine kurze Pause. »Ich bin Ihr Zugbegleiter. Die Weiterfahrt nach Hamburg-Altona verzögert sich für einige … ähh … Minuten. Grund dafür ist eine vorübergehende …«, es gibt eine erneute Pause, » … ein vorübergehender Wintereinbruch …« Mit Durchsagen an die Fahrgäste, wie sie in einem ICE üblich sind, ist Dennis Wiese nicht so vertraut. Auf den regionalen Strecken der Nord-Ostsee-Bahn wird darauf normalerweise verzichtet.

»Das darf doch wohl nicht wahr sein!«, bellt Onno von Rissen jetzt wieder im üblichen Casinoton.

»Wir werden den Anschluss in Hamburg verpassen«, sorgt sich Frau Müller-Siemsen.

»Chérie, es geht bestimmt gleich weiter«, versucht ihr Mann sie zu beruhigen und steckt sich ein Lakritzbonbon in den Mund.

»Der Schnee wird aber auch immer doller.« Heike klebt direkt an dem Fenster und sieht nach draußen. »Und ich hab vor der Abfahrt noch die ganzen Ostereier in den Vorgarten gehängt. Die wehen mir doch alle weg.«

»Nun haben Sie sich mal nicht so mit Ihren kindischen Ostereiern«, pfeift Agathe sie postwendend an.

Thies macht sich schon Hoffnungen, dass er um die Parisreise herumkommt.

Gräfin Ignatowski entreißt Perserkater Fjodor den roten Seidenschal mit den chinesischen Ornamenten, wickelt ihn sich um den Hals und vergräbt ihre Hände in den Taschen des Nerzmantels.

»Abenteuerlich«, beschwert sich Frau Müller-Siemsen. »Wirklich abenteuerlich.«

»Oui, Madame, quelle aventure«, säuselt Monsieur Picon, der den Gang des Waggons rauf und runter läuft, um nach seinen Schäfchen zu sehen. »Ein Abenteuer, *exactement*!« Er streicht sich über die verdächtig schwarzen, mit Pomade gestriegelten Haare.

4

Das Gros der Reisegruppe beginnt bereits, sich mit der Situation zu arrangieren. Der außerplanmäßige Stopp auf freier Strecke dauert inzwischen über eine halbe Stunde. Sie nehmen es jetzt tatsächlich als ein Abenteuer. Zugbegleiter Dennis Wiese verkündet über Lautsprecher, dass der Stopp wohl noch dauern werde und die Anschlüsse in Itzehoe, Elmshorn und Hamburg-Altona nicht erreicht würden.

»Bitte verlassen Sie die Wagen nicht. Wir versuchen die Strecke freizubekommen ... Ssänk ju for träwelling wiss Deutsche Bahn.«

Gleich darauf läuft er mit einem Stapel Wolldecken die Gänge entlang und verteilt die Decken an die Fahrgäste. Perserkater Fjodor, der sich gleich mit dem Schaffner angefreundet hat, streicht ihm um die Beine.

»Was ist das denn? Das ist doch kein Schlafwagen.« Frau Ignatowski klingt ungnädig. »Wo bin ich hier nur gelandet? Auf einer sozialistischen Jugendfreizeit?«

»Ist doch toll, dass Sie in Ihrem Alter noch so abenteuerliche Reisen machen.« Giselle, die immer noch in der Tür steht, blinzelt sie aus ihren grünen Augen an.

»Ja, schätzen Sie mal, wie alt ich bin?«, kräht die Gräfin herausfordernd.

Giselle wirft einen prüfenden Blick auf den Schildkrötenhals der alten Dame.

»Das ist ihre Lieblingsfrage«, flüstert Huberta von Rissen. »Sagen Sie jetzt bloß nichts Falsches.«

»Na, verraten Sie es mir?« Giselle möchte dieses Fettnäpfchen tunlichst umgehen. »Ich liege bestimmt daneben.«

»Ich werde im nächsten Jahr achtzig«, verkündet die Gräfin stolz.

»Oh, Kompliment.« Bounty muss schon wieder grinsen. Die Frau sieht eher aus wie hundert.

»Das hätten wir wirklich nicht gedacht.« Und dabei muss Giselle nicht einmal lügen.

Auch Monsieur Picon sitzt inzwischen in seinem Abteil auf einem gelben Samtdeckchen, das er sich zur Schonung seines makellosen Anzugs auf die schäbigen Polster gelegt hat. Er zupft sich ein paar weiße Katzenhaare von den Hosenbeinen.

»Den Namen Picon hab ich irgendwo doch schon mal gehört«, raunt Bounty seiner Freundin zu.

»... und mit einem übersüßten Likör für Damenkränzchen in Verbindung gebracht«, bringt Giselle den Satz zu Ende und zwinkert ihm zu. »Nach dem dritten Gläschen singen die Damen dann das Likörlied aus der Reklame mit glockenheller Stimme im Chor: ›Erst mal entspannen, erst mal Picon.‹«

Onno von Rissen hat einen anderen Vorschlag und lädt eine kleine Runde im Nebenabteil zu einem Fläschchen Bordeaux ein. Bounty, Giselle und Hauptmeister

Thies lassen sich den edlen Tropfen in provisorische Pappbecher füllen.

»Jo, kann man trinken«, befindet Thies.

Restaurantchefin Giselle, die eigentlich Gisela heißt, aber absolut nicht wie Gisela aussieht, hält ihre Nase in den Einmalbecher. »Kirsche, Johannisbeere, Pilze …«

»Pilze?« Pilzkenner Bounty horcht auf. »Echt?«

»Holz, Wildkräuter, Leder, ein wunderbarer Wein zu einem Steak Frites, wie wir es morgen vielleicht schon in Paris serviert bekommen.« Giselle ist die Einzige, die den edlen Tropfen wirklich zu würdigen weiß. »Der Wein könnte aber auch noch das eine oder andere Jahr im Keller vertragen.«

»Aber schon jetzt sehr schön eingebundene Tannine.« Von Rissen gurgelt und beißt den Wein. »Giselle, ich darf doch Giselle sagen, Sie haben eine feine Zunge«, versucht der Dorfadlige die schöne Giselle anzuflirten. Bounty findet es nicht ganz so lustig, und auch Thies blickt skeptisch. Schließlich hat er Onno von Rissen vor zehn Jahren mal ins Gefängnis gebracht, aus dem er wegen guter Führung und mit Hilfe eines cleveren Hamburger Anwalts vorzeitig entlassen wurde. Nach zwei weiteren Pappbechern ist die Stimmung dann aber erstaunlich entspannt.

Ein paar Fahrgäste aus dem zweiten Waggon irren noch durch die Gänge. In einem jungen Mann, der auf einem Bonbon herumkaut, meint Agathe Christiansen einen ehemaligen Schüler zu erkennen. Aber der Junge wendet sein Gesicht gleich ab, sodass sie ihn nur undeutlich sehen kann. Und dann wird ihre Abteiltür noch einmal geöffnet. Eine Frau erhebt Anspruch auf den Platz in dem Abteil, in dem sich Agathe schon mit einem improvisierten Nachtlager ausgebreitet hat.

»Wagen Eins, Platz Vierundzwanzig, das ist meine Reservierung!« Die Dame scheint auf ihrem Recht zu bestehen. »Den Sitzplatz habe ich immer! Jede Woche, wenn ich zu meiner Tante nach Elmshorn fahre.«

»Jetzt sitze ich nun mal hier. Sie werden ja wohl noch ein anderes Plätzchen finden.« Agathes Ton signalisiert keine weitere Diskussionsbereitschaft.

»Sie können mit mir hier nicht umspringen wie mit meinen Kindern«, giftet die Frau sie an. »Das ist doch wieder typisch!« Auch sie oder ihre Kinder scheinen mit Frau Christiansen schon so ihre Erfahrungen gemacht zu haben.

»Wir müssen in dieser Situation alle 'n büschen zusammenrücken«, versucht der Schaffner zu vermitteln. »Ja, nee, anders rum, wir müssen uns verteilen, im anderen Wagen ist genügend Platz, da haben Sie dann auch ein ganzes Abteil für sich alleine.«

»Aber ich habe hier reserviert!«

»Im ganzen Wagen Zwei sind nur drei oder vier Fahrgäste, 'n junger Mann, der hier auch immer fährt, und 'n Fremder in 'ner dicken Jacke, der löst so 'n Kreuzworträtsel mit Zahlen, keine Ahnung. Der zittert vor Kälte wie 'n Aal, aber Decke wollte er trotzdem nich.« Wiese schüttelt den Kopf. »In dem Wagen finden Sie ein eigenes Abteil, dann können wir die Dame hierlassen.« Er wirft einen abschätzigen Blick auf die Lateinlehrerin. Ganz einsehen mag die andere Frau das nicht, aber dann verzieht sie sich doch in Waggon Zwei.

In dem Abteil von Bounty und Giselle wird noch munter Rotwein getrunken und in Erinnerungen an die Schneekatastrophe von neunzehnhundertachtundsiebzigneunundsiebzig geschwelgt. Sonst haben sich schon alle zur Ruhe begeben. Und nach der dritten Flasche Bordeaux aus dem Pappbecher sucht sich auch die nächtliche Rotweinrunde ein Plätzchen und schlummert bald tief und fest auf den abgewetzten Kunstsamtpolstern. Bounty hat Giselle noch mal leise den Doors-Song ›Wintertime Love‹ vorgesummt und halb gesungen. Als im letzten Amrumer Sommer der Frontmann von »Stormy Weather« die deutlich jüngere Restaurantchefin mit Songs aus den Spätsechzigern erobert hatte, hielten das alle für einen verrückten Urlaubsflirt. Doch mit seinen Songs konnte der Fredenbüller Althippie die Liebschaft schon mal in den Winter verlängern. *»… my wintertime love to be«.* Bei dem Song döst in dieser Schneenacht die junge Liebe dank des alten Weines selig ein.

Irgendwann am frühen Morgen setzt sich der Nord-Ostsee-Express von fast allen unbemerkt ganz langsam in Bewegung.

5

Eine ganze Weile hat er sich rargemacht. Jetzt lässt sich Kurschatten Kurt wieder häufiger in Fredenbüll blicken. Vor ein paar Jahren hatte die resolute Fredenbüllerin Oma Ahlbeck den Rentner bei einer Kur in Bad Orb kennengelernt. Danach waren sich die Mutter des Bürgermeisters und der passionierte Hobbyfotograf nähergekommen. In ihrer gemeinsamen Begeisterung für Kinowestern und Mafiafilme hatten sie sich sofort gefunden. Als in dem nordfriesischen Örtchen dann ein echter Mafioso auftauchte, gab es für Oma Ahlbeck und ihren Kurschatten kein Halten mehr. Mit der Kamera waren sie zu nächtlicher Stunde auf die Pirsch gegangen und hatten den geheimnisumwitterten Italoamerikaner bei der Entsorgung einer Toten im Betonfundament der neuen Windräder beobachtet. Und weil es in Frau Ahlbecks Wohnung über dem Edeka-Markt ihres Sohnes gerne mal etwas unordentlich ist, macht Kurt bei seinen Besuchen immer erst mal gründlich sauber. Kurt hat es gern ordentlich. Außerdem hat er neuerdings die belebende und gleichzeitig beruhigende Wirkung des Staubwischens entdeckt. Beim Gleiten des Lappens über die Arbeitsplatte, beim Strecken nach Kaffeeflecken unter dem Küchentisch oder nach Spinnweben unter der Decke, findet Kurt seine Mitte. Staubwischen ist für ihn das neue Yoga.

Jetzt aber zieht es den begeisterten Naturfotografen mal wieder in die freie Wildbahn hinterm Deich. Kurts eigentliches Metier ist schließlich die Tierfotografie. Mit der Kamera hat er Jagd gemacht auf Rotbauchunken, Sandregenpfeifer und Löffelenten. Gerade hat er von einem Ornithologen aus seiner Fotogruppe den heißen Tipp bekommen, dass in dieser Nacht ein riesiger Schwarm Goldregenpfeifer auf dem Weg nach Skandinavien Nordfriesland überfliegen soll. Kurt spricht seit Tagen von nichts anderem.

Oma Ahlbeck hat Bedenken. »Kurt, dat wird doch nix. Bei dem Wetter drehen die Dings … die Goldpfeifer doch gleich wieder bei und fliegen nach Afrika zurück.«

Doch dadurch hat Kurt sich von der nächtlichen Fotosafari nicht abbringen lassen. »Der Schnee, ein Sonnenaufgang und dann ein Schwarm mit Hunderten von Goldregenpfeifern, mit den Bildern gewinne ich jeden Fotowettbewerb.«

Schließlich hat sich Frau Ahlbeck breitschlagen lassen. Und dann hatte sie sich auch daran erinnert, dass sie auf einer nächtlichen Fotosafari mit ihrem Bekannten vor einigen Jahren auch schon mal die Entsorgung einer Toten beobachtet hatten. »Vielleicht haben wir ja wieder Glück.«

»Hertha, es war vor allem romantisch.« Kurschatten Kurt hatte ihr einen verliebten Blick zugeworfen.

»Dat stimmt, aber außerdem auch richtig spannend.«

Jetzt stehen die beiden mit dicker Wollmütze und in

gefüttertem Anorak auf dem Deich im Flockentreiben und harren der Dinge. Kurt hat bereits seine Kamera gezückt. Oma Ahlbeck steht schnaufend neben ihm. Sie ist bei dem Gang durch den tiefen Schnee mächtig aus der Puste gekommen. Trotz der Schneeketten, die Kurt in der Schlütthörner Tankstelle auf die Schnelle hat aufziehen lassen, sind sie mit dem Auto nicht weit gekommen und mussten ein ganzes Stück zu Fuß laufen. In dem tiefen Schnee ist die korpulente Frau Ahlbeck mehrmals ausgerutscht.

»Kurt, wo willst du bloß mit mir hin?«, hatte sie eben noch entrüstet protestiert und war den Deich auf dem Hosenboden gleich wieder halb heruntergerutscht. Aber letztlich hatte die Rutschpartie ihre Abenteuerlust nicht bremsen können.

Vom Deich hat man einen weiten Blick über die flache verschneite Landschaft. Viel ist allerdings nicht zu sehen, nur von ganz Weitem das schwache Blinklicht der Baustelle, an der sie eben vorbeigefahren sind, und im Osten die Andeutung einer Morgendämmerung. Kurt horcht nach Geräuschen, die den Vogelschwarm ankündigen könnten. Vergeblich. Oma Ahlbeck haucht sich in die kalten Hände. Allmählich ist sie richtig durchgefroren.

»Kurt, dir friert noch deine ganze Kameraausrüstung ein.«

Und dann ist aus der Ferne auf einmal ein Geräusch zu hören, ein diffuses Rauschen, das schnell näherkommt. Zuerst glaubt Kurt an den Vogelschwarm. Aber das Geräusch kommt aus Norden. Die Goldregenpfeifer müssten aus Süden kommen. Dann meint Frau Ahlbeck die durch den Schnee gedämpften Fahrgeräusche eines Zuges zu erkennen. Die Bahnstrecke ist vielleicht hundert Meter entfernt.

»Dat sind keine Regenpfeifer«, stellt Oma Ahlbeck mit rollendem R fest. »Dat ist der Nord-Ostsee-Express … Aber dat kann eigentlich gar nich angehen …« Sie blickt erstaunt in die Schneelandschaft. »Is dat der Einundzwanzig-Uhr-fünfzig ab Niebüll?« Sie sieht auf ihre Armbanduhr. »Hat aber mächtig Verspätung.«

Im selben Moment leuchten die Scheinwerfer eines Zuges auf, der sich langsam durch das Schneetreiben schiebt. Er fährt nicht viel schneller als Schritttempo. Die Waggons haben auf dem Dach eine Schneehaube. Die meisten Abteile sind dunkel. Nur ein Fenster ist erleuchtet.

Aber was ist das? Frau Ahlbeck zeigt auf den vorbeischleichenden Zug. »Kurt! Dat sieht komisch aus!«, ruft sie.

Ihr Bekannter nimmt augenblicklich den Apparat mit dem Teleobjektiv zur Hand. Als Fotograf kann Kurt schnell reagieren. Er richtet das Objektiv auf das Zugfenster. »Das sieht wirklich seltsam aus. Zwei Hände an der Scheibe und ein Gesicht …«

»Zeig mal her, schnell!« Sie reißt ihm die Kamera förmlich aus den Händen. Im ersten Moment hat sie nur dunkle Schneelandschaft im Sucher. Aber dann hat sie das erleuchtete Fenster in der Dunkelheit gefunden.

»Wat passiert da denn?« Sie glaubt, sie sieht nicht richtig. Auf der beschlagenen Scheibe des Zugabteils sieht sie zwei auf das Fenster gedrückte Handflächen. Und ist das dazwischen ein Gesicht? Und ein roter Schal oder ein Tuch? Ist dahinter verschwommen noch eine andere Person zu sehen? In einem roten Mantel?

»Da wird gerade jemand erdrosselt! Dat kann doch nich sein!«

Einen Moment kann sie dem langsam vorbeigleitenden erleuchteten Abteil folgen. Dann sieht sie die Hände und auch das gegen das Glas gedrückte Gesicht an der Scheibe herunterrutschen. Das rote Tuch leuchtet noch einmal kurz auf. Dann verschwindet der Nord-Ostsee-Express mit den beiden Waggons hinter einer verschneiten Baumgruppe.

Oma Ahlbeck und ihr Kurschatten sehen dem Zug erschreckt, aber auch voller Faszination hinterher.

»Kurt, dat war ja schon wieder wie im Kino.«

6

Nach einer unbequemen Nacht auf den schmuddeligen Kunstsamtpolstern sind die Paris-Reisenden alle aufgewacht. Thies und Heike wischen auf der beschlagenen Scheibe ein Feld frei, um nach draußen zu sehen. Aber auch von außen sind die Fenster vom Schnee halb zugeweht. Es ist hell draußen, aber viel zu sehen ist nicht. Nur wirbelnde Flocken.

In den ganz frühen Morgenstunden hat es die rötliche Andeutung eines Sonnenaufgangs gegeben. Der Schneefall hatte für kurze Zeit etwas nachgelassen. Nachdem Lokführer und Zugbegleiter Dennis Wiese mit vereinten Kräften und einer viel zu kleinen Schaufel eine größere Schneewehe von den Gleisen geschaufelt hatten, war der Nord-Ostsee-Express ein paar Kilometer weitergefahren. Aber jetzt steckt er schon wieder fest und ist mittlerweile vollständig eingeschneit. Auf den Waggons türmt sich der Schnee. Die Fenster sind halb von Schnee zugeweht.

Einige Teilnehmer aus der kleinen Reisegesellschaft von Monsieur Picon haben trotz der widrigen Umstände ein bisschen schlafen können. Aber jetzt sind alle wach. Bounty und Onno von Rissen stehen auf dem Gang vor einem spaltweit geöffneten Fenster und rauchen. Der Dorfadlige wippt von einem Fuß auf den anderen. Bounty, der sich seit der Liaison mit Giselle von seinem dünnen Pferdeschwanz getrennt hat, wehen ein paar Schneeflocken in die verbliebenen spärlichen Haarstacheln.

»Is ordentlich Schnee runtergekommen«, stellt Thies Detlefsen fest, der jetzt ebenfalls auf dem Gang steht, während es seine Frau Heike Richtung Toilette zieht.

Huberta von Rissen lugt im gesteppten seidenen Morgenmantel aus ihrem Abteil.

»Echt geile Parisreise«, konstatiert Bounty und grinst müde.

»Wird hier denn gar kein Frühstück serviert?«, kräht die russische Gräfin Ignatowski pikiert, die offenbar im Nerzmantel genächtigt hat. »Wo ist überhaupt der Speisewagen? Und mein Fjodor will auch sein Frühstück.« Doch auf diese illustre Gesellschaft ist der Regionalzug nicht eingestellt.

»Speise … wagen?« Zugbegleiter Dennis Wiese begutachtet die alte Dame im Pelz wie ein seltenes Tier. »Wir haben hier noch mal 'n Bord-Bistro.«

»Monsieur, können wir nischt wenigstens eine *café* bekommen?« Jean-Pierre Picon läuft aufgeregt den Gang auf und ab. »Wir benötigen ja gar kein Bistro, nur eine *café au lait* und vielleischt eine Croissant, *est-ce possible*? Wäre das möglisch?«

»Nee, wo soll ich denn jetzt Kaffee herbekommen? Sie sehen ja selbst, wir sitzen hier im Schnee fest.« Der Schaffner schüttelt den Kopf. »Auf Ideen kommen die Leute.«

Den meisten ist tatsächlich nach einem Kaffee. Und einige haben noch ein anderes Bedürfnis. Polizistengattin Heike, Ehepaar Müller-Siemsen, Onno von Rissen und Giselle laufen unruhig den Gang auf und ab. Das einzige WC im Waggon ist seit Ewigkeiten besetzt und die Kabine im zweiten Wagen außer Betrieb.

»Ist da jemand auf der Toilette eingeschlafen?«, mosert Onno von Rissen, bei dem es jetzt wirklich drängt.

»Man hat fast den Eindruck.« Giselle lächelt leicht gequält. »Da lässt sich jemand wirklich Zeit.«

»Ja, dat scheint 'ne längere Sitzung zu sein«, bemerkt Polizistengattin Heike.

»Zustände sind das hier bei der Bahn«, bellt Herr von Rissen mit spitzem ST und kneift dabei die Oberschenkel zusammen.

»C'est urgent.« Monsieur Picon verzieht das Gesicht. »Es drängt.«

»Thies, mach doch wat!«, drängelt auch Heike, die ebenfalls mal müsste. »Kannst du nich … irgendwie Hilfe holen?«

»Heike, besetzte Klos fallen nich in meinen Zuständigkeitsbereich.« Thies hat heute Morgen nicht die allerbeste Laune.

»Oder tatsächlich lieber mal 'n paar Coffees to go aus der ›Hidden Kist‹ kommen lassen.« Bounty ist eher nach einem heißen Getränk.

»Bounty, ich bin hier nich der Zugbegleiter«, pflaumt Thies seinen Imbisskumpel an. »Und außerdem: Verrat mir mal, wie Antje aus ›De Hidde Kist‹ hier durch den Schnee anliefern soll?«

»Wer ist da überhaupt auf der Toilette?«, fragt sich Heike. Aber klopfen mag sie im Augenblick auch nicht.

»Wie lange ist das denn schon besetzt?«, fragt Giselle.

»Weiß auch nicht.« Frau Müller-Siemsen überlegt. »Da war eigentlich schon die ganze Zeit besetzt. Unmöglich.«

Und dann tapst auch Gräfin Ignatowski im Nerz auf den Gang. »Was machen Sie denn hier alle? Große Versammlung? Ich müsste eigentlich mal zur Toilette.«

»Ja, wir warten alle«, klärt Professor Müller-Siemsen sie auf.

»Das kann doch hier nicht die einzige Örtlichkeit sein«, merkt die russische Gräfin indigniert an.

Thies waltet seines Amtes und klopft jetzt doch mal. »Alles in Ordnung bei Ihnen da drinnen?« Er klopft erst vorsichtig, dann heftiger. »Komisch. Als wenn da keiner drin ist.«

»*'allo, 'allo*!«, zwitschert Monsieur Picon und tippt mit dem Siegelring, den er auf dem kleinen Finger trägt, auf die Toilettentür.

Ist da hinter der Tür kaum vernehmbar ein klägliches Miau zu hören? Die etwas schwerhörige Frau Ignatowski bekommt es glücklicherweise gar nicht mit. Und die anderen verheimlichen es ihr wohlweislich.

»Wir sollten den Schaffner holen«, findet Giselle.

»Wer kann das denn sein?«, fragt Müller-Siemsen. »Jemand aus unserer Reisegesellschaft?«

»Eben kam so'n Miauen aus'm Klo?«, flüstert Heike. »Komisch, nä.«

»Hat sich der Flokati auf'm Klo eingeschlossen?«

Bounty wirft die Zigarettenkippe nach draußen und schließt das Fenster.

»Fehlt denn jemand?«, fragt Frau Müller-Siemsen. »Sind doch alle da. Vielleicht jemand aus dem anderen Wagen?«

Schließlich ist Zugbegleiter Dennis Wiese zur Stelle. Er klopft ebenfalls ein paarmal. »Öffnen bitte!« Von drinnen ist nichts zu hören, nicht mal ein Miauen. Der Schaffner schüttelt den Kopf. »Gibt's doch nich.« Dann zückt er seinen Universalschlüssel und öffnet die Tür. Erst nur einen Spalt. »Hallo«, ruft Dennis Wiese durch den Spalt. Als er keine Antwort bekommt, öffnet er die Toilettentür ein Stück weiter.

Augenblicklich weht den dichtgedrängt davor Wartenden durch das weit geöffnete Toilettenfenster eine eiskalte Schneebö entgegen.

»Es zieht!«, meckert Frau Ignatowski.

Doch darauf reagieren die vor der Tür Stehenden nicht. Alle recken die Hälse, um einen Blick in den engen Raum zu werfen. In ihren verschlafenen Gesichtern spiegelt sich das blanke Entsetzen.

7

Auch »De Hidde Kist« ist vollkommen eingeschneit. Über das Dach des kleinen Imbisses hat sich eine voluminöse wattige Schneehaube gestülpt. Selbst Antjes Grill und ihre Fritteusen können die weiße Watte nicht zum Schmelzen bringen. Imbisshündin Susi springt durch den Schnee und schnappt nach vorüberwehenden Flocken.

Ein Teil der Stammbelegschaft hat sich trotz widrigster Umstände im Imbiss eingefunden. Der Schimmelreiter Hauke Schröder hat Piet Paulsen ausnahmsweise in seinem Ford Mustang von zu Hause abgeholt. Der ehemalige Landmaschinenvertreter hatte einige Mühe, sich in den tiefergelegten Oldtimer hineinzuzwängen. Und auf der verschneiten Fredenbüller Dorfstraße ist der King Cobra Baujahr achtundsiebzig ein paarmal gefährlich ins Schleudern geraten. Ungeachtet der veränderten Witterungsverhältnisse hatte der Schimmelreiter das übliche Tempo beibehalten. Aber für sein obligatorisches »Putenschaschlik Hawaii« hat Piet die riskante Schlitterpartie auf sich genommen. Klaas war mit seinem Postrad ebenfalls kurz in einem Schneehaufen gelandet. Aber an Stehtisch Zwei hatte er die Post schnell wieder vom Schnee befreit. Auch die hochschwangere Husumer Hauptkommissarin Nicole Stappenbek hat sich zusammen mit ihrem kleinen Sohn Finn zu einem zweiten Frühstück im Imbiss eingefunden. Statt der üblichen Lederjacke trägt sie einen weiten Parka, in dem auch ihr Bauch Platz findet. Und für einen Moment behält sie die Fellmütze mit den dicken Ohrenklappen noch auf dem Kopf.

Zwei der Stammplätze sind am heutigen Morgen allerdings leer geblieben. Thies und Bounty sind schließlich auf Parisreise.

»Ich weiß gar nich, wat die in Paris eigentlich wollen?«, fragt sich Piet Paulsen.

»Da war irgendwat von Mona Lisa die Rede.« Klaas wiegt nachdenklich den Kopf. »Nich dat Heike da wieder eifersüchtig wird.«

»Die lange Tour nach Paris kannste dir doch sparen«, findet Piet. »Croque kriegen wir doch auch hier bei dir, Antje.«

»Antje, dann mach mir doch mal gleich einen schönen ›Croque Störtebeker‹ mit ganz viel Hering.« Nicole pellt sich aus ihrem Parka und der Pelzmütze und zwängt sich mit ihrem voluminösen Bauch hinter den Stehtisch.

»Hast jetzt immer ordentlich Appetit, nä?« Imbisswirtin Antje nickt grienend und schneidet sofort ein Baguette auf.

»Na, Finn, gar keine Schule?« Piet Paulsen mustert Nicoles Sohn kritisch. Schließlich ist er quasi der Patenonkel und als Babysitter abonniert.

»Nee, wir haben frei, wegen der Schneekatastrophe, und ab morgen sind ja sowieso Osterferien.«

»Nach Ostern sieht dat im Augenblick nich aus.« Der Schimmelreiter ordert einen doppelten Espresso. »Dat is schlechtes Fahren heute, eine einzige Katastrophe.«

»Dat magst wohl sagen.« Klaas sortiert die vom Schnee durchweichte Post auf dem Stehtisch. »Ich weiß gar nicht, ob ich bei dem Wetter zustellen kann … Na ja, viel ist dat ja sowieso nich.«

»Habt ihr den Riesenschneehasen an der Bundesstraße gesehen? Piet blickt fragend in die Runde. »Der hat sich Ostern auch anders vorgestellt.«

Antje wirbelt derweil gleichzeitig an Grill, Fritteuse und italienischer Kaffeemaschine. Zwischendurch wirft sie einen prüfenden und anerkennenden Blick auf Nicoles Bauch. »Wann is eigentlich genau der Termin?«

»In fünf Wochen, also die Woche vor Himmelfahrt.«

»Wollen mal hoffen, dat wir dann besseres Wetter haben, damit du schnell ins Krankenhaus kommst.« Hauke denkt vor allem an die Straßenverhältnisse. Die werdende Mutter bekommt einen besorgten Gesichtsausdruck. Aber dann hat sie gleich wieder Antje bei der Zubereitung des »Croque Störtebeker« im Blick.

Für Nicole Stappenbek hat sich gerade allerlei geändert. Im letzten heißen Sommer ist ihre brachliegende Affäre mit dem Husumer Oberstudienrat Niggemeier wieder aufgeflammt. Er ist ja der Vater von Finn. Aber um seinen Sohn hat sich Niggi eigentlich nie gekümmert. Und auch bei Nicole hat er höchst selten von sich hören lassen. Seine Familie für Nicole zu verlassen, dazu fehlte ihm der Mut. Aber das soll sich jetzt ändern, hofft Nicole zumindest. Denn Niggemeier ist auch der Vater ihres zweiten Kindes. Und diesmal scheint er fest entschlossen, mit ihr zusammenzuziehen. Gemeinsam haben sie ein marodes, aber sehr romantisches altes Reetdachhaus am Deich nicht weit von Neutönninger Siel gekauft. Das Reetdach und die Sprossenfenster sind bereits erneuert. Bei den Renovierungen im Haus, dem Spachteln der Wände und dem Abschleifen der alten Holzdielen ist Nicole mit Enthusiasmus dabei. Im achten Monat sind die Arbeiten jetzt allerdings etwas ins Stocken geraten, und Niggi zieht sich schon wieder raus. Aber in seinem Arbeitszimmer mit Blick auf die Halligen stehen immerhin schon ein leeres Bücherregal, zwei Gitarren und mehrere Kartons seiner Vinylplattensammlung. Diesmal ist Nicole voller Hoffnung, dass es außer der Truppe in der »Hidden Kist« bald noch eine zweite Familie gibt.

Klaas sieht nach draußen ins Schneetreiben und dann auf seine Uhr. »Thies und Bounty müssten mittlerweile schon in Paris sein.«

»Nach da unten bist du 'ne Weile unterwegs.« Der Schimmelreiter überlegt. »Wann sind die gestern los?«

»Einundzwanzig Uhr fünfzig ab Niebüll.« Klaas kennt nicht nur seine Post-Zustellungsbezirke, sondern auch die Fahrpläne der Bahn. »Erst Altona …« Der Postbote rechnet. »Ich denk mal, ab da fünfzehn Stunden oder so.«

»Wie spät haben wir es denn?« Antje sieht auf die Uhr über der Tür mit dem altmodischen roten Sinalco-Logo. Dann reicht sie Paulsen sein Putenschaschlik über den Tresen.

Klaas dreht sich um, als würde nur die Sinalco-Uhr über dem Eingang die offizielle Zeit anzeigen. »Kleine Strecke haben sie noch, aber gegen Mittag müssten sie da sein.«

»Frühling in Paris wäre jetzt auch schön, oder?« Nicole beißt genüsslich in ihr großes Fischbrötchen und blickt versonnen nach draußen ins Schneegestöber. Eigentlich ist sie seit Kurzem im Mutterschutz. Aber solange Thies nicht da ist, will sie sich mal im Kommissariat blicken lassen. In dem Moment klingelt auch schon ihr Handy. Offenbar ist ein Kollege aus Husum am anderen Ende.

»Leerstehendes Einsatzfahrzeug auf freier Strecke am Deich? Was soll das denn heißen?«, fragt sie mit vollem Mund und lauscht dem Kollegen. »Ole ist nicht zum Dienst erschienen? Wo soll der denn abgeblieben sein? Der wird sich schon wieder anfinden.« Sie schluckt den letzten Bissen ihres »Croque Störtebeker« herunter. »Ich wollte sowieso gleich nach Husum rüberkommen, dann fahr ich da auf dem Weg vorbei.« Sie beendet das Telefonat. Die anderen sehen sie fragend an. »Der Schneeräumer hat ein leeres Einsatzfahrzeug an der Straße hinter Schlütthörn gefunden. Außerdem ist Ole Matthiesen verschwunden, der junge Polizeianwärter, der Thies jetzt über die Tage vertreten soll.«

»Weites Land hier hinterm Deich.« Paulsen nimmt genüsslich sein Putenschaschlik in Angriff. »Da kann schon mal einer verloren gehen.«

8

»*Mon Dieu*, was ist mit ihr passiert?« Jean-Pierre Picon tritt sofort an die Frau heran, die in der engen Bahntoilette zusammengesunken zwischen Außenwand und stählerner Kloschüssel klemmt. »*Elle est morte.*«

Die Frau trägt eine gesteppte Jacke mit Rosenmuster. Ihre leblosen Augen stieren aus einem kalkweißen Gesicht auf den Papierhandtuchspender. Um ihren Hals ist ein rotes Seidentuch geschlungen. Ihre Schultern, das Haar und ihr halbes Gesicht sind von Schnee überdeckt. Es wirkt, als herrschten in dem kleinen Raum Minusgrade.

»Ach, du meine Güte, wat macht sie denn hier?«, fragt Schaffner Dennis Wiese, der die Lateinlehrerin vorher offenbar noch gar nicht zur Kenntnis genommen hatte. »Gehört Frau Christiansen auch zu Ihrer Gruppe?«

»*Mais oui, naturellement*«, stöhnt Picon, obwohl von der halb zugeschneiten Frau wirklich kaum etwas zu erkennen ist. Der Franzose macht ein betrübtes, vor allem aber wichtiges Gesicht. »Madame Christiansen.« Durch das geöffnete Toilettenfenster bläst eine Bö Schneeflocken in den Raum.

»Dat war die Lehrerin von Telje und Tadje«, ruft Heike sofort aus. »Latein!«

»Was ist denn hier los?«, ruft aus dem Hintergrund Frau Ignatowski, die um die Ecke im Gang steht. »Es zieht! Kann nicht mal jemand das Fenster schließen ... und dann müsste ich jetzt wirklich mal ...« Die Exilgräfin räuspert sich.

In dem Moment entdeckt Picon den Kater der Gräfin zusammengekauert hinter der Kloschüssel.

»Einen Moment müssen wir uns wohl noch gedulden. Ein Unglücksfall, so wie es aussieht«, erklärt Huberta von Rissen ihrer Freundin. Im selben Augenblick huscht der Perserkater an allen vorbei den Gang hinunter.

»Fjodor«, kräht die Gräfin. »Was hast du wieder angestellt?«

»Für den Unglücksfall kann der Gute wohl nichts«, will Huberta sie beruhigen.

»Unglücksfall? Ich weiß nicht.« Polizeiobermeister Thies Detlefsen ist natürlich auch sofort zur Stelle und wittert gleich wieder einen neuen Mordfall.

Alle wollen einen Blick in den kleinen Raum erhaschen, um sich gleich danach erschreckt abzuwenden.

»Ist sie auf dem Klo erfroren?«, fragt Polizistengattin Heike.

»Vom plötzlichen Wintereinbruch überrascht worden«, raunt Bounty seiner Freundin Giselle zu, die seine Bemerkung mit einem ermahnenden Blick erwidert.

»Wie ist das passiert?« Angelica Müller-Siemsen ist kreidebleich. »Uli, sieh du doch mal nach ihr!«, ruft sie hinter sich. »Mein Mann ist Arzt«, raunt sie den Umstehenden zu. Aber das wissen ohnehin alle.

HNO-Professor Müller-Siemsen drängelt sich durch die Umstehenden.

»Wir 'aben einen *docteur* in unsere *groupe, bien.*« Picon tut so, als wäre der dramatische Fund der armen Agathe Christiansen eine Lektion in seinem Französischkurs.

Müller-Siemsen muss keine langen Untersuchungen anstellen. Dass die gute Agathe nicht mehr unter den Lebenden weilt, sieht er auf den ersten Blick. Lebendig würde sie hier kaum so eingeschneit sitzen. Thies und Picon stehen daneben und nicken wissend.

»Sans doute? Kein Zweifel, *Monsieur le docteur?«*

»Nein, kein Zweifel.«

»Wieso is dat Fenster offen?«, fragt Zugbegleiter Wiese entrüstet. »Dat bleibt normalerweise zu.«

Als er die Tote etwas vom Schnee befreit hat, fallen dem emeritierten HNO-Professor die roten Striemen am Hals der Toten auf. »Sehen Sie das, Herr Detlefsen?«, wendet er sich an den Polizisten.

Thies sieht sich das sofort genauer an, und Monsieur Picon setzt seine altmodische Nickelbrille auf.

»Monsieur Detlefsen, isch 'abe eine schrecklische Verdacht.« Picon zupft ungeduldig an seinem Menjou-Bärtchen.

»Jo, dat sieht eindeutig nach Mord aus.« Der Fredenbüller Dorfpolizist lässt keine Zweifel aufkommen.

»Meinst du wirklich, Thies?« Heike sieht erschreckt zwischen der Toten, ihrem Mann und dem Französischlehrer hin und her.

»Das ist ja schrecklich.« Huberta von Rissen mag es gar nicht glauben. »Könnte die arme Frau Christiansen nicht einfach vor der Toilette umgekippt sein? Ein Herzanfall vielleicht? Und dann diese Kälte … der Schnee, der durch das Fenster hereingekommen ist.«

Der HNO-Professor zuckt mit den Schultern, aber dann schüttelt er gleich vorsichtig den Kopf. »Ich bin kein Gerichtsmediziner, aber das sieht mir nach einer Strangmarke aus. Und dann die Petechien …«

»Petti … was?« Heike versteht nicht ganz, ist aber hochinteressiert.

Der Arzt befreit das Gesicht der Toten weiter vom Schnee. »Sehen Sie hier die punktförmigen Blutungen, die könnten ein Hinweis auf eine Strangulation sein.«

»Wat heißt das? Erdrosseln und ersticken?« Thies ist gleich in seinem Element.

»Und sehen Sie hier, in ihren Fingern hält sie einen Knopf.«

»Ein Knopf von der Jacke der Mörders«, kombiniert Thies.

»Wo ihr Fredenbüller aufkreuzt, gibt es immer gleich Tote«, raunt Giselle ihrem Freund Bounty zu. »Das war letzten Sommer auf Amrum doch auch schon so.«

»In Thies' Nähe lebt man gefährlich.« Bounty hat die Situation noch gar nicht richtig realisiert.

Thies ist derweil schon mitten in den Ermittlungen. Dass sie sich eigentlich auf einer Reise nach Paris befinden, hat er längst vergessen. »Der Schaffner hat schon recht, wieso ist dat Fenster offen? Ist der Täter …«

»… oder die Täterin«, ergänzt der Französischlehrer.

»… nach der Tat da raus?«

»Es würde für eine sehr schlanke Mörderin oder einen Mörder sprechen.« Picon deutet auf die kleine Fensteröffnung.

»Und dann müssten draußen Fußspuren sein.« Thies tritt an das offene Toilettenfenster.

»Wenn sie dursch den vielen neuen Schnee nischt schon wieder verschwunden sind.«

»Außerdem ist der Zug heute Nacht doch wieder 'n Stück gefahren, oder?«

»Ja, war nur 'ne kurze Strecke, aber 'n Stück sind wir gefahren«, schaltet sich Schaffner Wiese ein. »Jetzt stecken wir hier richtig fest in der Walachei. Umgestürzter Baum auf'm Gleis …«

»Dabei gibt es hier kaum Bäume«, wendet Angelica Müller-Siemsen mit vorwurfsvollem Unterton ein. »Und der einzige Baum Nordfrieslands ist uns jetzt vor unseren Zug gefallen oder wie muss man sich das vorstellen?«

»Außerdem is der Strom grad mal wieder weg, Verpflegung haben wir auch nich, dat is eine Scheiße.« Dennis Wiese ist im Stress. »Vor allem müssen wir dat Klo hier langsam mal wieder freigeben.« Der Perserkater, der ihm schon wieder um die Beine streicht, gibt ein klägliches Miauen von sich. Angelica antwortet prompt mit einem Nies-Intermezzo.

»Und dann wird es allmählich mal Zeit, dass Fjodor sein Frühstück bekommt«, ist Gräfin Ignatowski aus einiger Entfernung zu hören, wird aber von keinem richtig wahrgenommen.

»Dat is 'n Tatort hier … also …« So recht weiß Thies im Augenblick auch nicht weiter. Er will es bei Nicole auf dem Handy versuchen, hat hier aber kein Netz. Und auch die anderen scheinen mit ihren Mobiltelefonen nicht weiterzukommen.

Jetzt sind aus dem zweiten Waggon ein junger Mann und eine andere Frau dazugekommen. »Was ist hier denn passiert?«, fragt die Frau.

»Ein schrecklicher Todesfall«, antwortet Huberta von Rissen.

»Eigentlich müsste da jetzt erst mal die Spusi ran.« Thies blickt aus dem Fenster und dann ratlos in die Runde. »Dat können wir vergessen.«

»Monsieur Detlefsen, vielleischt können wir auf die Spüsi verzischten. Stattdessen bemü'en wir unsere grauen Zellen.« Picon lässt das Menjou-Bärtchen tanzen.

Thies Detelfsen sieht den Französischlehrer ungnädig an. »Dat hier is Polizeiarbeit. Es handelt sich schließlich um Mord.«

»C'est vrai, mon cher«, verkündet Jean-Pierre Picon mit feierlicher Stimme und betont französischem Akzent. »Und der Mörder oder die Mörderin ist unter uns. Sie sitzen 'ier in diesem Zug.«

9

Es schneit unaufhörlich. Die Wischerblätter schaufeln den Schnee von der Scheibe. Nicoles Zivil-Mondeo schlittert über die kleinen Straßen am Deich entlang. Aus dem Autoradio kommen nicht enden wollende Verkehrsmeldungen und Wetterberichte. Augenzeugen berichten von der Schneekatastrophe 1978/79. Nicole findet die Vergleiche leicht übertrieben. Dass es schneit, ist allerdings wirklich nicht zu übersehen. Wenigstens hat sie warme Ohren unter ihrer dicken Fellmütze.

Sie hat darauf verzichtet, sich anzuschnallen. Sie hasst es einfach, wenn der Gurt ihr unangenehm auf den Bauch drückt, das wäre nicht gut für das Baby. Dass sie hier überhaupt Streife fährt, findet sie auch nicht so lustig. Eigentlich wollte sie noch ein bisschen was in ihrem neuen Haus machen, keine anstrengenden Renovierungsarbeiten, nur überlegen, wo dieser oder jener Schrank oder die alte Kommode von ihrer Großmutter stehen sollen. Zum Dienst wollte sie auf keinen Fall erscheinen. Ausgerechnet jetzt muss Thies auf die blöde Idee kommen, nach Paris zu reisen. Piet hat schon recht, was will er da? Und dann ist seine Vertretung auch noch untergetaucht. Antje, Klaas und Piet meinten auch, sie solle sich schonen, und wollten sie erst gar nicht aus dem Imbiss lassen. Zumindest ist Finn fürs Erste in der »Hidden Kist« untergebracht. Klaas will mit ihm zusammen einen Schneemann bauen.

Zunächst kann Nicole das liegengebliebene Polizeifahrzeug gar nicht finden. Ihr fällt es schwer, sich zu orientieren. Ist sie überhaupt auf der richtigen Straße? Die Schilder sind alle zugeschneit. Sie hat nur Weiß vor Augen, wirbelnde Schneeflocken, durch die kaum etwas zu erkennen ist. Schemenhaft sieht sie an der Einfahrt zu einem Hof die Silhouetten von zwei Schnee schaufelnden Gestalten. In einiger Entfernung kämpft sich ein anderes Auto durch das Gestöber. Und ganz diffus taucht aus dem Schneenebel ein großes Reetdach auf und zwischendurch die Kirchturmspitze von Reusenbüll.

Kollege Thies sitzt vermutlich längst in einem Pariser Café und genießt den Frühling, während sie hochschwanger am Deich den Hauke-Haien-Koog entlangschlittert. Irgendwie ist Nicole sauer auf ihren Kollegen. Dabei kann er für den vielen Schnee natürlich auch nichts.

Alle paar Kilometer stehen die eingeschneiten Schilder nach Bredstedt. Bredstedt ... sieben Kilometer, Bredstedt ... elf Kilometer, Bredstedt ... Statt nach liegengebliebenen Einsatzfahrzeugen und verschollenen Polizeianwärtern zu suchen, würde sie jetzt lieber mit einem dampfenden Tee vor dem Kaminofen sitzen, zusammen mit Niggi und Finn. Und dann sieht sie in einiger Entfernung die gelbe Blinkleuchte des Schneeräumfahrzeuges aufleuchten. Sie nähert sich dem großen, mit laufendem Motor halb im Graben geparkten Wagen. Als sie ihren Mondeo dahinter stoppt und aussteigt, schwingt sich ein Mann im orangen Sicherheitsoverall aus der Fahrerkabine.

»Moin.« Er deutet auf den vor der großen Schaufel des Räumungsfahrzeuges stehenden Polizeiwagen. »Stand da so, mit offener Fahrertür. Tür hab ich erst mal zugemacht.«

»Machen Sie doch mal den Motor aus«, fordert Nicole ihn auf.

Das Signalschild »Stopp Polizei« auf dem Dach des Autos glimmt müde im Schneetreiben, und wenn man genau hinsieht, ist auch ein allerletztes Glühen der Scheinwerfer zu erkennen.

»Was ist da passiert?«, fragt Nicole und zieht sich die Fellmütze tiefer ins Gesicht.

»Weiß auch nich.« Der orangene Overall zuckt die Schultern und zündet sich eine Zigarette an. »Kollege beim Einsatz im Schnee verloren gegangen. Is wohl vom Wetter überrascht worden. Zündschlüssel steckt noch.« Er nimmt einen Zug. »Da is allerlei Schnee drinnen im Wagen. Is ordentlich wat reingeweht.«

Die Kommissarin zückt gleich das Handy und ruft in ihrem Husumer Kommissariat an, das sie seit fast zwei Jahren leitet. Die beiden Kollegen haben immer noch nichts von dem vermissten Ole Matthiesen gehört. In Husum ist er zumindest noch nicht wiederaufgetaucht.

»Ich weiß wirklich nich, wo Ole abgeblieben ist.« Der Kollege macht sich Sorgen. »Wir hätten ihn alleine gar nich losschicken dürfen, und bei Thies Detlefsen da oben in Fredenbüll, kennt er sich doch gar nich aus. Is ja offenbar auch 'n büschen gefährliche Ecke.«

Nicole geht um den Polizeiwagen herum, auf der Suche nach Spuren oder irgendeinem Hinweis für sein Verschwinden. Aber in den Schneemassen ist unmöglich etwas zu entdecken. Wenn es hier Spuren gegeben hat, dann sind die längst unter der dicken weißen Schneedecke verschwunden. Die Sirene gibt ein letztes schwaches Jaulen von sich.

Oder ist da eine Unregelmäßigkeit im Schnee zu erkennen? Sie schiebt mit dem Fuß etwas Schnee beiseite. Ist da eine rötliche Verfärbung zu sehen? Aber da geht wahrscheinlich die Fantasie mit ihr durch. Sie betätigt den Anlasser, der noch ein gequältes Stöhnen von sich gibt, dann ist die Batterie leer.

»Ich kann eh nur ein Auto zurzeit fahren. Sollen die Kollegen sich drum kümmern.«

»Und ich muss denn auch mal weiterräumen.« Der Mann im orangen Overall wirft die Zigarette in den Schnee und steigt in seine Fahrerkabine. »Jo, alles Gute, Frau Kommissarin.« Er nickt und sieht auf Nicoles schwangeren Bauch. »Wann is es denn so weit?«

»Eine Woche vor Himmelfahrt.«

Er streckt ihr den nach oben gestreckten Daumen entgegen. Dann schlägt er die Tür hinter sich zu und startet den laut hämmernden Diesel des Räumfahrzeugs.

10

Gerd Lundius starrt immer wieder auf sein Smartphone. Er erwartet dringend einen Anruf. Doch das idiotische Handy gibt einfach keinen Ton von sich, und auch das Telefon für das Festnetz will nicht klingeln. Stattdessen kommen aus dem leise gestellten Radio pausenlos Wetterwarnungen und Verkehrsmeldungen über Staus und glatte oder unbefahrbare Straßen. Dann blickt er wieder aus dem Bürofenster auf den Hof der Bongsbüller Kfz-Vertretung. Die neuen Traktoren, der große Mähdrescher und eine ganze Reihe fabrikneuer E-Autos sind von einer hohen Schneedecke bedeckt. Nur der Korntank eines Mähdreschers und das herausstehende obere Ende eines Hordenschüttlers lugen rot und grün als einzige Farben aus dem Weiß heraus. Die anderen Fahrzeuge sind nicht mehr zu erkennen. Lundius sieht nach oben in den wirbelnden Schnee und schüttelt den Kopf.

»Genau das richtige Wetter für E-Fahrzeuge.« Er verstärkt das Kopfschütteln.

Bei »Landmaschinen Schmale« sind die Zeiten im Umbruch. »Goodbye Diesel. Hello Electric!« prangt in großen Lettern auf einem Plakat im Arbeitszimmer von Gerd Lundius, der von allen Gerri genannt wird. Seine Frau Sonja ist seit einem Jahr auf dem Elektrotrip. Aber so recht hatte sie ihn von dem neuen Konzept noch nicht überzeugen können. In dem Punkt ist Gerd altmodisch. Für ihn müssen Traktoren, Mähdrescher und Häcksler mit steuerbegünstigtem Diesel betankt werden und nicht aus Riesenbatterien, die inmitten der Ernte schlappmachen. Mit seinem Schwiegervater, dem alten Schmale, war er sich einig. Werner Schmale hatte die Firma aufgebaut und zur führenden Landmaschinenvertretung in Nordfriesland gemacht. Seine Tochter Sonja hatte es zunächst nicht leicht gehabt gegen ihren Vater. Nach Ansicht des alten Schmale hatten Frauen in der Landmaschinenbranche nichts zu suchen. Aber nach seinem Tod setzte Sonja alles dran, die Firma umzukrempeln. Sie will jetzt auch in der Landwirtschaft voll auf Elektromobilität setzen. Eine Reihe mit Diesel betriebenen Landmaschinen haben sie noch in der Vermietung, Böschungsmulcher, Raupendumper und eine große Wippsäge, die zur Fällung und Holzverarbeitung gerade an einer Baustelle am Deich steht. Aber beim Verkauf setzt Sonja schon ganz auf Elektromaschinen. Statt »Landmaschinen Schmale« hat sie die Firma jetzt in »Schmale Electric« umbenannt. Und im Sinne eines kompletten Modellangebots für alle Bereiche hat die Firma jetzt auch die Vertretung für die Elektro-Pkw der asiatischen Marke Heungmin übernommen.

Zuerst hatte Gerri das für einen vorübergehenden Spleen seiner Frau gehalten. Vor eineinhalb Jahren war sie vollkommen verwandelt von der NORLA in Rendsburg, der großen Messe für Agrartechnik zurückgekehrt.

Früher hatte Gerri immer die NORLA besucht, um sich die ganze Vielfalt der neuesten Landmaschinen anzusehen. Aber im vorletzten Jahr war Sonja gefahren, und in diesem Jahr gab es nicht nur Trecker, Düngerstreuer und Melkmaschinen zu besichtigen. In verschiedenen Vorträgen und Workshops wurde diesmal über Tierschutz und Nachhaltigkeit referiert und diskutiert. Sonja war regelrecht beseelt und mit revolutionären neuen Ideen für die Firma nach Bongsbüll zurückgekehrt.

In den folgenden Monaten kamen immer wieder Mails über neue Perspektiven in der Agrartechnik, Schriften mit Titeln wie ›Agrar morgen‹ oder ›Acker unter Strom‹. Absender fast aller Mails war ein Elmshorner Agraringenieur. Zuerst hatte Gerri noch keinen Verdacht geschöpft und Sonjas Sinneswandel auf ihr neu entdecktes Umweltengagement zurückgeführt. Aber mit der Zeit war ihm der ausufernde Mailverkehr doch komisch vorgekommen, und Gerri hat das Gefühl, dass der Elmshorner Ingenieur nicht nur den Acker, sondern auch seine Sonja unter Strom gesetzt hat. Die regelmäßigen Fahrten nach Elmshorn sind keine Besuche bei ihrer kranken Tante, sondern bei diesem oberschlauen Elektroingenieur.

Probleme in der Ehe hatten sie schon seit Längerem, eigentlich schon immer. Als die Kinder noch klein waren, hatten sie sich immer wieder zusammengerauft. Und solange ihr Vater lebte, war Sonja nie auf die Idee gekommen, ihn und die Familie zu verlassen. Zumindest hatte sie nicht den Eindruck gemacht. Doch nach dem Tod des alten Schmale ist sie jetzt auf dem Trip mit den Elektrolandmaschinen, und in letzter Zeit war auch immer öfter von Trennung die Rede. Dabei hat Sonja ihn immer wieder und immer deutlicher spüren lassen, dass sie nach dem Tod ihres Vaters die Inhaberin der Firma ist und das Sagen hat. Sie will »Schmale Electric« unbedingt zur Nummer Eins in Norddeutschland machen.

Für Lundius wäre die Trennung eine Katastrophe. Auf Bestreben ihres Vaters haben sie Gütertrennung vereinbart. Bei einer Scheidung würde Gerri ziemlich dumm dastehen und mit ein paar Traktoren und Miststreuern aus zweiter Hand abgespeist werden. Die schöne Position als Geschäftsführer wäre er los. Seine berufliche Zukunft mit seiner abgebrochenen Lehre als Außenhandelskaufmann wäre mehr als ungewiss. Landmaschinenvertretungen gibt es nicht viele. Und als kleiner Verkäufer irgendeiner asiatischen Autovertretung will er auch nicht noch mal anfangen. Außerdem werden diese Jobs überall abgebaut.

Im Augenblick läuft es nicht gut. Auch das benachbarte Grundstück, das sie unbedingt dazupachten wollen, können sie wohl erst mal abschreiben. Der Bauausschuss des Amtes in Husum wollte eine gewerbliche Nutzung nicht zulassen. Landschaftsschutzgebiet. Dabei wollen sie sich mit Elektrolandmaschinen doch grade für die Umwelt einsetzen. Und er hatte einen guten Bekannten in dem Gremium, der sich für seine Belange einsetzen wollte. Aber der Ausschuss tanzte nach der Pfeife dieser idiotischen Lateinlehrerin Agathe Christiansen. Lundius ist schleierhaft, wie diese Frau das hinbekommt. Alle hassen sie, aber trotzdem setzt sie sich durch. Was hat eine Lateinlehrerin überhaupt in einem Bauausschuss verloren? Reicht es nicht, dass sie seine Kinder malträtiert?

Lundius blickt sinnierend nach draußen ins Schneetreiben und zwischendurch immer wieder auf sein Handy. Die Verkehrsmeldungen aus dem Radio laufen in Endlosschleife. In dem Moment stapft sein Kfz-Meister aus der Werkstatt herüber ins Büro.

»Sag mal, Gerri, wo ist eigentlich der neue ›flow‹, der Vorführwagen?«

»Ja, weiß auch nich, ich hab den Wagen gestern Abend noch einem Kunden mitgegeben …«

»Ohne rote Nummernschilder?« Der Werkstattleiter klopft sich Schnee vom Overall. Lundius sieht ihn fragend an. »Ja, wieso, die roten Schilder liegen bei mir in der Werkstatt.«

»Hab ich scheinbar vergessen.« Lundius wirkt nervös. »Ich warte auch, dass der Kunde mit dem Wagen mal wieder an Land kommt. Weiß nich, wo der bleibt.«

»E-Auto is schlecht bei diesem Wetter. Da braucht der Scheibenwischer ja schon die ganze Batterie auf.« Der Monteur zuckt mit den Schultern. »Is wohl liegengeblieben.« Damit verlässt er das Büro und stapft zurück in seine Werkstatt.

Immer wieder starrt Lundius abwechselnd auf sein Handy und den Festnetzapparat auf seinem Schreibtisch. Aber die Telefone bleiben einfach stumm an diesem Morgen. Sind durch den Schnee etwa alle Leitungen unterbrochen und Netze ausgefallen? Er sieht prüfend auf das Display. Doch das Symbol für das Netz wird deutlich angezeigt. Und als er den Hörer des Telefons aufnimmt, ist sofort das Freizeichen zu hören. Und das Radio läuft ja auch. Was ist da los? Er sieht nach draußen. Aber von dem vermieteten E-Auto keine Spur. Gerri stiert in die wirbelnden Schneeflocken.

11

»Ich kann mich nur wiederholen, es spricht alles für ein Erdrosseln.« Der ehemalige HNO-Professor Müller-Siemsen steht mitten in der Zugtoilette neben der toten Agathe Christiansen und sieht den Fredenbüller Polizeihauptmeister abwartend an. Doch Thies weiß im Augenblick auch nicht recht, wie er weiter verfahren soll. Jetzt bräuchte er unbedingt Nicoles Unterstützung.

»Das seidene 'alstuch sprischt eine eigene Sprache«, verkündet Monsieur Picon pathetisch.

Währenddessen huscht Perserkater Fjodor den zugigen Gang des Waggons entlang hinein in das Bord-WC und springt der jetzt halbwegs vom Schnee befreiten Toten auf den Schoß. Er langt mit der Pfote nach dem roten Tuch, das ihr nach der ersten Begutachtung des Arztes jetzt lose um den Hals hängt.

»Isch sage ja, die Katze kennt den Mörder oder die Mörderin«, verkündet der Französischlehrer zum wiederholten Mal.

»Jo, der Kater weiß mehr, als er zugibt«, bestätigt Thies. »Aber als Kronzeugen können wir den vergessen.«

»Aber das ist doch das Halstuch!«, ruft Frau Müller-Siemsen.

»Das gehört nicht Frau Christiansen«, stellt Huberta von Rissen fest.

»Das ist doch das chinesische Halstuch von Gräfin Ignatowski!« Frau Müller-Siemsen ist sich vollkommen sicher.

»Jetzt wirft auch der junge Mann aus dem anderen Waggon einen Blick auf die Tote. »Das is ja tatsächlich die Christiansen, oh, no.« Währenddessen kämpft er mit einem an den Zähnen klebenden Lakritzbonbon.

»Sie kennen die Tote?«, fragt Thies gleich nach.

»Na klar, das ist meine Lateinlehrerin.«

»Wenn das kein Mordmotiv ist«, nölt Bounty vom Gang aus.

»Thiiies!«, ruft Heike aus dem Hintergrund. »Wir müssen langsam wirklich mal aufs Klo!«

»Komm, Heike, gleich … immer sutsche …«

»Ja, was denn, Frau Müller-Siemsen muss auch mal, und Sie doch auch, Herr von Rissen?«

»Na ja, habe mir vorhin schon selbst geholfen …«

Heike sieht ihn fragend an.

»Eben waren die Türen ja noch zu öffnen«, verkündet er mit meckernder Stimme. »Was meinen Sie wohl, wenn wir auf der Jagd sind, da stehen uns auch keine sanitären Anlagen zur Verfügung.«

»Wir müssen langsam sehen, dass wir dat Mordopfer hier mal vom Tatort … entfernen.« Thies überlegt. »Haben wir hier irgendwo einen Raum, wo wir die Lateinlehrerin für 'ne Weile zwischenlagern können? Wo is der Schaffner überhaupt?« Thies sieht sich um. »Außerdem brauche ich ein Abteil, wo ich ungestört Befragungen machen kann.«

»Bei denen isch Sie sehr gern unterstützen würde, Monsieur Detlefsen.« Jean-Pierre Picon zwirbelt sein Menjou-Bärtchen.

»Jo, mal sehen.« Der Fredenbüller Dorfpolizist klingt richtig begeistert.

Es herrscht allgemeine Unruhe in Waggon Eins. Bounty und Giselle turteln die meiste Zeit in ihrem Abteil herum. Dass der Nord-Ostsee-Express hier im Schnee festsitzt, finden sie sogar ganz romantisch. Die übrigen Paris-Reisenden dagegen laufen hektisch durcheinander, soweit sie noch einigermaßen gut zu Fuß sind. Natürlich sorgt vor allem der schreckliche Todesfall für Aufregung. Aber auch sonst sind die Umstände alles andere als erfreulich. Heute Morgen ist die Elektrizität und mit ihr die Heizung ausgefallen. Die Handys haben kein Netz. Und vor allem gibt es nichts zu essen und zu trinken.

Heike hat in ein paar Plastikflaschen schon ein bisschen Schnee geschmolzen. Aber die meisten können sich mit dem nordfriesischen Schiwasser vom Deich noch nicht anfreunden. Heikes restliche Sandwiches aus der »Hidden Kist« finden dagegen reißenden Absatz. Zuvor hat sie noch einen Hering aus einem »Croque Störtebeker« herausgezogen und ihn Fjodor spendiert, der seitdem in Frauchens Abteil schnurrend auf dem Kunstsamt vor sich hin döst. Den Rest des großen Fischbrötchens teilt sie in viele kleine Häppchen. Aber die meisten gehen natürlich leer aus. Sie malen sich stattdessen aus, wie sie in den Pariser Restaurants dinieren. Giselle schwärmt von Bressehuhn und Kalbsbries in einem Sternerestaurant am Trocadéro, Monsieur Picon von einem Käsestand auf dem Markt in der Rue Mouffetard, und Huberta von Rissen möchte einfach nur eine ganz ordinäre Zwiebelsuppe.

»Gleich, wenn wir in Paris sind, werde ich mir zwölf Austern bestellen«, verkündet Frau Müller-Siemsen, dass es jeder mitbekommt, und zieht sich fröstelnd das Steppjäckchen enger um die Schultern. »Was ist eigentlich mit der Heizung?«

Als sich Zugbegleiter Dennis Wiese endlich mal wieder in Waggon Eins blicken lässt, stürmen gleich alle auf ihn ein. Fjodor schmiegt sich schnurrend an sein Hosenbein.

»Wann gibt es wieder Strom?« Giselle sorgt sich um den leeren Akku ihres Handys.

»Und wie sieht es mit unserer Verpflegung aus?« Auf die Pariser Zwiebelsuppe möchte Huberta von Rissen dann doch nicht warten.

»Es muss an Bord dieses Zuges doch irgendwo eine Kleinischkeit zu essen geben«, echauffiert sich Monsieur Picon. »Nur eine kleine Imbiss.«

»Ich habe da ganz hinten in unserem Waggon fünf größere Pappkartons gesehen«, fällt Agathe Christiansens ehemaligem Schüler ein, während er auf seinem Bonbon herumkaut. »Sah irgendwie nach Lebensmitteln aus.« Ohne lange Diskussionen holen er und Bounty zusammen zwei der Kartons. Gemeinsam schlitzen sie die Pappe auf und fördern aus einem Karton fünfzig Tüten Sesam-Cracker heraus. Die andere Kiste enthält zwanzig Flaschen Eierlikör.

»Seid ihr verrückt geworden? Die Kisten sind für die Feier der Landfrauen. Die sollen nächste Station in Friedrichstadt entladen werden.« Schaffner Wiese ist entsetzt. Und auch Bounty, der sich Hoffnung auf ein paar Schokoriegel gemacht hatte, ist enttäuscht.

»Dann sind ja wenigstens die Damen mit Getränken versorgt!« Bordeaux-Kenner Onno von Rissen wirft einen verächtlichen Blick in die geöffneten Pappkartons, während Bounty schon die ersten Cracker ausgibt.

»Immerhin, 'ne kleine Grundlage.« Der Althippie kommt sich vor wie in der Essensausgabe für Hilfsbedürftige.

Eben wollten noch alle wissen, wann es endlich weitergeht. Die Frage wagt inzwischen niemand mehr zu stellen. Immer wieder fallen zwischendurch das Licht und auch der sonstige Strom aus. Der Schüler aus Waggon Zwei hat nicht nur Knabber- und Getränketipps, er besitzt dank des lokalen Anbieters »friesitel« auch das einzige Handy, das hier einen Empfang hat. Alle wollen nur mal schnell einen kurzen Anruf mit seinem Smartphone machen.

Der Junge findet das überhaupt nicht komisch. »Hallo, der Akku ist gleich leer und wir haben hier null Saft an Bord.«

Ein oder zwei Telefonate gestattet er aber doch. Und

dann ist zumindest für eine Weile der Strom wieder da. Thies wird von Dennis Wiese in den Lokführerstand gebracht, um per Bahn-Funk Kollegin Nicole Stappenbek im Kommissariat in Husum zu erreichen.

»In der Lok hast du 'n büschen mehr Ruhe zum Reden.«

12

»Fahrzeug bitte aufladen!« Der Schriftzug auf der Armaturenanzeige ist kaum zu übersehen, und der warme und trotzdem durchdringende Glockenton lässt Kappe kurz zusammenzucken. Es ist der einzige Ton, den das Elektroauto von sich gibt. »Noch fünfzig Kilometer«, warnt der Bordcomputer.

»Warum musste mir dieser Idiot ausgerechnet so eine Scheiß-E-Karre andrehen!«, schimpft Kappe in sich hinein. Aber andere Mietwagen standen schlichtweg nicht zur Verfügung. Zunächst waren Denny und er mit dem Zug in Nordfriesland angereist. Sein Kumpel ist passionierter Bahnfahrer, Kappe weiß auch nicht, wieso. Und außerdem meinte Denny, dass sie so am wenigsten Spuren hinterlassen. Aber hier, in dieser Einöde, brauchten sie dann doch ein Auto.

Neben der Reichweitenanzeige erscheint auf dem Display der Radius der Gegend, in dessen Mitte er sich befindet. Ungläubig stiert Kappe auf den Kreis. Es ist eine leere Fläche, so leer wie die verschneite Landschaft, durch die er gerade fährt. Eben ist er an einem idiotischen riesenhaften Osterhasen vorbeigefahren, der über einem verschneiten Acker thront und unter der Schneelast kaum aus den Augen gucken kann. Es gibt eigentlich keine

Ortschaften und vor allem weit und breit keine Ladestationen. Diese nordfriesische Walachei ist keine Gegend für Elektroautos und dieses Wetter erst recht nicht.

Die Batterie des Wagens leert sich erbarmungslos immer weiter. Noch 48 Kilometer ... 47 ... 46 ... 45. Allmählich muss er mal sehen, dass er eine Ladestation oder eine einfache Scheißsteckdose zu fassen kriegt. Aber hier in dieser weiten Landschaft gibt es keine Steckdosen. Wo soll er hier Strom herbekommen? Und wo bleibt vor allem der Anruf seines Kumpels? Das war fest verabredet. Warum meldet er sich nicht? Denny quatscht nicht viel. Normalerweise sagt er eigentlich gar nichts. Aber jetzt sollte er unbedingt mal anrufen. Sie sind ein eingespieltes Team. Normalerweise haut das hin. Nur mit der Kommunikation hapert es immer wieder. Der eine redet gar nicht und der andere zu viel. »Klappe Kappe!«, rotzt Denny dann immer. Allmählich wird Kappe unruhig. So war das Ganze nicht geplant.

Auf der Anzeige im Armaturenbrett leuchtet das Symbol einer Tanksäule mit einem Elektrokabel auf und daneben die Schrift: »Fahrzeug ist noch fahrbereit.« Verdammt noch mal, das merkt er selbst. Er fährt ja schließlich. Aber die Reichweite schwindet. Allmählich bekommt er eine regelrechte Wut auf diese dämliche Elektrokiste. Er fährt einfach weiter.

Jetzt kommt er schon wieder an diesem idiotischen Riesenosterhasen mit der blöde grinsenden Fratze vorbei. Das ist nun schon das zweite oder sogar das dritte Mal.

»Scheißhase!«, flucht Kappe und zeigt ihm den Stinkefinger.

Schimpfend fährt er weiter, ohne eigentlich zu wissen, wohin. Außer ihm ist kein anderes Auto unterwegs. Irgendwann kommt ihm ein Schneeräumer entgegen. Ab da ist die Straße deutlich besser geräumt, aber immer noch verschneit. Und dann leuchtet zusätzlich eine Schildkröte auf. Schnecke wäre auch passend, denkt Kappe. Den letzten Kilometer kann er nur noch schleichen. »Im Range-Modus erhöht sich die Reichweite.« Kappe versteht nur Bahnhof. Er muss unbedingt an eine Stromquelle. Und wenn es nur eine Steckdose ist. Was soll er machen? Wenn es nur irgendwo einen Bauernhof oder ein Haus gäbe, dann würde er einfach mal fragen. Er würde schon einen Weg finden, die Leute zu überreden. Aber hier gibt es keine Häuser, nur leere Landschaft im Schneetreiben. Das Auto einfach stehenlassen kann er auch nicht. Er denkt sofort an die Ladung im Kofferraum. Es läuft nicht so, wie Kappe das geplant hat.

»Batterie leer.« Das Auto hat automatisch in den Eco-Modus geschaltet. Jetzt schaltet auch noch die Heizung herunter, und das bei dieser Kälte. Der Schnee beginnt sofort auf der Windschutzscheibe anzufrieren. Die Wischer werden immer müder.

Verdammt noch mal, er braucht jetzt ganz dringend eine Stromquelle. Irgendetwas muss hier doch aufzutreiben sein. Ein Stromaggregat, vielleicht eine Baustelle, ein Generator für eine Melkmaschine? Aber hier stehen keine Kühe im Schnee herum. Kappe fährt den Wagen ein Stück an den Straßenrand, soweit dies überhaupt möglich ist, und stellt den Motor aus. Er hofft, dass die Batterie sich dadurch ein bisschen erholt. Alles ist vollkommen ruhig, nur das Pfeifen einer Windbö dringt in den Innenraum des Autos. Bevor er sich nach einer Stromquelle umsieht, muss er sich erst mal um eine Verbindung zu seinem Kumpel kümmern. Denny wollte sich bei *ihm* melden und nicht umgekehrt, das hatten sie so abgemacht. Aber jetzt will er ihn doch mal anrufen.

Kappe braucht eine halbe Ewigkeit, den Zettel mit der Nummer von Dennys Prepaid-Handy aus seiner Jacketttasche herauszukramen. Er wählt die Nummer. Er hört das Freizeichen, und nur eine Sekunde später schrillt der krachende Anfangsakkord von Black Sabbath' ›Paranoid‹ aus der Ritze zwischen Beifahrersitz und Tür. Der vertraute Klingelton von Dennys Handy lässt ihn zusammenzucken. Die schrille Sologitarre durchschneidet die Stille.

»Verdammte Scheiße, das darf nicht wahr sein«, zischt Kappe zu sich selbst. »Wieso lässt dieser Blödmann überall sein Handy liegen?« Er beugt sich über den Beifahrersitz und fischt Dennys Telefon aus der Spalte heraus. Doch da ist noch etwas anderes, etwas Eiskaltes, Metallenes. Er legt das Handy auf den Beifahrersitz und greift noch einmal in die Spalte. Schon bevor er es in der Hand hält, weiß er, was das ist. Dennys Neun-Millimeter-Parabellum.

»Und dann auch noch die Scheißpistole! Das darf wirklich alles nicht angehen!« Ständig sucht Denny seine

Sachen oder lässt sie irgendwo liegen. Stattdessen hat er alle möglichen Zahlen im Kopf, Telefonnummern, Geheimzahlen, Abfahrtszeiten und Sitzplatznummern von Zügen, und im Sudoku ist er Weltmeister. Redet kein Wort und füllt lieber den ganzen Tag diese Scheißkästchen aus.

Während Kappe weiter am Straßenrand steht, stiert er eine Weile fassungslos auf die Waffe. Dann nimmt er das Smartphone zur Hand. Er tippt den Code mit dem Geburtstag des Kumpels ein. Zunächst bekommt er ein »fehlgeschlagen«. Kappe ist nicht so gut mit Zahlen wie sein Kumpel. Achter oder neunter, August oder September, er kann sich diesen Scheißgeburtstag einfach nicht merken. Aber dann hat er endlich die richtige PIN. Unter der Foto-App ploppt gleich das Bild der Frau auf.

»Verdammte Scheiße!« Kappe feuert das Handy auf den Beifahrersitz.

13

Nicole ist jetzt doch in großer Sorge, und die Kollegen in Husum sind regelrecht in Aufruhr. Es schneit wie verrückt, es herrscht Ausnahmezustand. Aber deswegen kann er doch nicht einfach wie vom Erdboden verschluckt sein. Wo ist ihr junger Kollege, Polizeianwärter Ole Matthiesen, abgeblieben? Und wer war der Fahrer des anderen Wagens, den Matthiesen kontrolliert hat? Angeblich hatte er kein amtliches Kennzeichen, und es war ein Elektroauto, das hatte Ole den Kollegen noch per Funk durchgegeben, ehe er das Fahrzeug kontrollieren wollte.

Einer der beiden Beamten hat sich sofort ins Auto gesetzt, um sich im Kreis Husum auf die Suche zu machen. Und auch Nicole hat sich wieder auf den Weg gemacht, um sich dort umzusehen, wo sie den zurückgelassenen Polizeiwagen entdeckt haben.

So recht ist Nicole gar nicht bei der Sache. Aus dem Lautsprecher des Autos kommt Aimee Mann. ›Save me‹ und dann passenderweise auch noch ›One More Drifter in the Snow‹. Ihre Gedanken schweifen ab. Während sie durch die weiße Landschaft fährt, denkt sie über die farbliche Gestaltung der Wände im neuen Haus nach. Die Farben für den Wohnbereich und das neue Kinderzimmer möchte sie dann doch nicht dem Schimmelreiter überlassen, der mit seinem Kollegen von »Tapeten Torbarben« in den nächsten Tagen in dem Reetdachhaus anrücken will und schon die tollsten Vorschläge für die angesagten Farbtöne der Saison gemacht hat. Der Heavy-Metal-Fan hatte für die Wohnzimmerwände den neusten Metallic-Effekt vorgeschlagen und als Kontrast dazu für das Kinderzimmer »Pretty in Pink«.

Beim Schimmelreiter muss Nicole ein Auge darauf haben. Und die Farbvorschläge von Niggi waren auch nicht sonderlich hilfreich: Braun und Olivgrün. »Wieso? Oliv hab ich seit zig Jahren in meinem Arbeitszimmer, hat sich bewährt«, meinte er. »Seit den Siebzigern nicht mehr gestrichen?«, hatte sie ihm genervt entgegnet. Da hat Nicole wohl noch eine größere Aufgabe vor sich. Sie will sich deswegen ihre Vorfreude auf das neue Haus und das zweite Kind nicht verderben lassen.

Auf der Fahrt durch die Schneelandschaft meldet sich das Baby mal wieder mit ein paar sanften Tritten. Sie und Niggemeier wissen noch nicht, was es wird. Nicole wollte es vorher auch nicht wissen. Was sie sich eigentlich mehr wünscht als Geschwister für Finn, weiß sie auch nicht. Und Niggi? Wollte der überhaupt noch ein Kind? Zunächst war er ja ganz euphorisch. Aber jetzt war sich Nicole gar nicht mehr so sicher. Irgendwie kommt sie von Niggemeier nicht los. Vor einem Jahr wollte sie ihn noch endgültig in den Wind schießen. Nach dem ewigen Hin und Her, und nachdem er sich mal wieder wochenlang nicht um ihren gemeinsamen Sohn gekümmert hatte, wollte sie einen endgültigen Schlussstrich ziehen. Doch dann kam der letzte Amrumer Sommer und die Schwangerschaft. Nicole wird gerade etwas melancholisch. Aus den Lautsprechern kommt Aimee Manns ›Goose Snow Cone‹. Es darf wirklich nicht wahr sein, jetzt hört sie sich schon sentimentale Songs über Katzen an und muss fast heulen.

Sie fährt an dem großen Plastikhasen vorbei und dann an der Stelle, wo der liegengelassene Polizeiwagen von dem Schneeräumer gefunden wurde. Der Wagen ist mittlerweile abgeschleppt oder einfach weggefahren worden. Darum haben sich die Kollegen gekümmert. Sie steigt noch mal aus. Aber es lässt sich wirklich absolut nichts entdecken. Falls es irgendwelche Spuren gegeben haben sollte, sind die längst eingeschneit.

Wonach sucht sie eigentlich? Nach einem jungen Polizeianwärter, der auf dem Deich durch den Schneesturm tappt? Da macht sie sich wenig Hoffnung. Ihr ist es ein absolutes Rätsel, wo Ole Matthiesen abgeblieben ist. Ist er einer Gewalttat zum Opfer gefallen? Erst mal müssten sie herausbekommen, worum es sich bei dem kontrollierten Fahrzeug handelt. Ein E-Auto eines unbekannten asiatischen Herstellers ohne amtliches Kennzeichen, sonderlich konkrete Anhaltspunkte sind das nicht gerade. So häufig ist der Fahrzeugtyp hier nicht. In Nordfriesland hat sich Elektromobilität noch nicht so durchgesetzt. Wer fährt hier so ein Auto? Denn von sehr weit her wird ein Fahrzeug ohne Kennzeichen auch nicht kommen. Ist das Auto vielleicht geklaut? Das alles rauszufinden, ist eigentlich nicht ihr Job. Sie hat wenig Lust, hier jetzt ziellos herumzufahren und die Straßen und Parkplätze am Deich abzuklappern. Warum, verdammt noch mal, ist Thies jetzt nicht da?

»Ausgerechnet, wenn man ihn mal braucht, reist er nach Paris. Darf doch nicht wahr sein!« Sie schlägt mit der flachen Hand wütend auf das Lenkrad. Das Baby verpasst ihr darauf sofort einen Tritt.

14

Die Paris-Reisenden Thies und Bounty werden in der »Hidden Kist« schmerzlich vermisst. Dafür sind Telje und Tadje mit dicken Mützen von draußen hereingeschneit.

»Ihr habt dat ja noch mal grad eben geschafft.« Piet Paulsen atmet erleichtert durch.

Eigentlich wollten die Zwillinge von Thies und Heike über Ostern ihre Eltern besuchen. Telje studiert seit Kurzem Medizin in Essen, und die angehende Touristikmanagerin Tadje macht gerade ein Seminar an der Northern Business School in Hamburg.

»Ostereiersammeln bei Mama und Papa ist doch eigentlich Tradition.« Telje wirkt leicht beleidigt.

»Ich find das auch voll schade. Ich gönn den beiden Paris ja …« Auch Tadje macht ein betrübtes Gesicht. »Aber wo suchen wir denn jetzt Ostereier?«

»Dann müssen wir die Ostereier hier in der ›Hidden Kist‹ verstecken.« Mit einem Rundumblick sucht Klaas den engen kleinen Imbiss gleich nach möglichen Verstecken ab.

»Das ist eine Superidee.« Tadje ist gleich Feuer und Flamme.

»Ostereiersuchen in der ›Hidden Kist‹, geil!« Telje nickt ihrer Schwester zu.

»Au ja!!« Finn ist auch gleich ganz begeistert. Und selbst Imbisshündin Susi blickt erwartungsfroh in die Runde. »Und Antje muss die Eier verstecken!«

Der Schimmelreiter fischt zwei Zehncentstücke aus der Geldmulde des Daddelautomaten, der seit einigen Jahren neben dem Garderobenhaken hängt und mit seinen »Dadadüdadadüdüdüda« das Brutzeln der Fritteuse übertönt. Hauke hat auch schon eine gute Idee für ein Versteck.

»Ostereier in der ›Hidden Kist‹, wär mal wat anderes«, sinniert Paulsen.

»Seid ihr verrückt?« Antje hält gar nichts von der Idee.

»Wieso denn nich?« Tadje sieht die Imbisswirtin erstaunt an.

»Ja, was denn?! Susi is seit zwei Jahren clean. Aber der Hund dreht durch, wenn hier überall im Imbiss die Schokoladeneier versteckt sind.« Schäfermischling Susi war jahrelang Vegetarierin und vor allem süchtig nach Schokoriegeln, die Bounty ihr immer wieder zugesteckt hat. Auf Anraten des Tierarztes hat sie dann einen harten Entzug gemacht.

»Dat war dann vielleicht alles umsonst.«

Piet Paulsen zuckt die Achseln. »Danach muss der Hund dann wieder zu den ›Anonymen Naschkatzen‹, oder wie seh ich dat?«

»Vielleicht kann beim Eiersuchen immer abwechselnd einer mit Susi spazieren gehen«, überlegt Tadje.

»Oder sie wartet so lange im Mustang draußen«, schlägt der Schimmelreiter vor.

»Eigentlich is dat mit dem Verstecken ja 'ne schöne Idee, aber ich weiß nich recht«, überlegt Antje. Endgültig scheint das Thema Eiersuchen noch nicht geklärt.

»Es wird in diesem Jahr ein anderes Ostern«, prophezeit Klaas. Er sieht nach draußen, dann auf die nach dem Trocknen gewellte Post und schüttelt den Kopf. »Antje, denn gib mir bei dem Wetter man mal 'n kleinen Jäger.«

»Wenn dat so weiterschneit, sind wir bald von der Zivilisation abgeschnitten, wie damals bei der Schneekatastrophe achtundsiebzig-neunundsiebzig.« Auch Piet Paulsen blickt voller Erwartung Richtung Glastresen.

»Ja, Finn, Schule war damals auch nich«, erinnert sich Antje. »Da gingen Klaas und ich nämlich noch zur Schule.«

»Klaas und du … in der Schule?« Finn sieht mit großen Augen zwischen den beiden hin und her.

»Kannst du dir heute gar nich mehr vorstellen, wat, Finn?« Piet sieht ihn über seine Gleitsichtbrille an.

»Nee, und du, Piet, warst du auch in der Schule?«

»Ja, nee, ich war schon etliche Jahre bei Schmale in Bongsbüll, Landmaschinen verkaufen.«

Finn mustert ihn eindringlich. »Ich kann mir dich auch gar nich in der Schule vorstellen.«

»Piet war gut in Mathematik, angeblich.« Klaas wirft einen ungläubigen Blick auf seinen Imbissfreund.

»Uns könnt ihr viel erzählen.« Der Schimmelreiter winkt ab und wirft drei Zwanzigcentstücke in den »Explosion Compact«.

»Hauke, besser als du allemal.« Antje hält fragend

zwei kleine Jägermeister-Fläschchen in Richtung Stehtisch Zwei. »Piet, du auch?«

Der ehemalige Landmaschinenvertreter nickt ihr zu. »Wärmt ’n büschen durch bei dem Wetter.«

»De Hidde Kist« verschwindet an einer Seite inzwischen halb unter einer Schneewehe. Eben hat der Schimmelreiter mit dem Schneeschieber noch einen schmalen Weg vom Imbisseingang zu seinem Mustang freigeräumt. Aber der ist auch schon wieder zugeweht.

»Dat sind Ereignisse in der Stratosphäre, hab ich gelesen, oberhalb von fünfzehn Kilometer.« Paulsen nimmt die beiden kleinen Jägermeister-Fläschchen vom Tresen und reicht Klaas eines davon. »Normalerweise is da ’n Polarwirbel. Aber wenn der ausbleibt, gibt es da eine Erwärmung um bis zu fünfzig Grad.« Piet, der sich offenbar genauer in die Materie eingearbeitet hat, sieht die anderen herausfordernd an.

»Fünfzig Grad?«, fragt Finn mit ungläubigem Blick nach.

»Füüünfzig?!« Antje sieht nach draußen in den Schnee und dann auf ihren Grill.

»Dat sind ja eher sommerliche Temperaturen«, überlegt Schimmelreiter Hauke Schröder.

»Ja, nee, auf dem Boden sind die Temperaturen unterm Nullpunkt.« Piet lässt den Drehverschluss des Magenbitters knacken. »Der Polarwirbel kollabiert und dat übliche Westwindband wird in eine Bananenform gequetscht.«

Die übriggebliebene Imbissbelegschaft sitzt mit offenem Mund da.

Klaas findet als Erster die Sprache wieder. »Wie die Bananenflanken von Manni Kaltz damals, oder wie darf man sich dat vorstellen?«

»Dat is ’n stratosphärisches Extremereignis.« Paulsen sieht triumphierend in die Runde. Er will das kleine Fläschchen zum Mund führen, setzt aber noch mal ab. »Und der Spuk ist noch lange nicht vorbei. In der Stratosphäre geht es immer noch hoch her. Dat war bei der Schneekatastrophe achtundsiebzig-neunundsiebzig genauso … hab ich gelesen.«

15

»Wie konnte der Täter nach dem Mord die Toilette verlassen? Die Tür war verschlossen.« Jean-Pierre Picon erhebt sich von seinem Platz mit dem gelben Samttuch und macht ein wichtiges Gesicht. *»C'est un mystère!«*

»Durch die geschlossene Klotür wird er sich kaum vom Tatort entfernt haben«, blafft Thies ihn an. Dass dieser Franzose, der eigentlich Belgier ist, sich hier immer wieder einschaltet, gefällt ihm gar nicht.

»Wir müssen unsere grauen Zellen bemühen.«

»Ich würd mal sagen, der Täter hat 'n Schlüssel gehabt.«

»Da kommt eigentlisch nur der *conducteur*, der Schaffner, in Frage.« Picon zupft an seinem Bärtchen.

»So einen Schlüssel haben vielleicht noch andere. Ist ja nich unbedingt 'n kompliziertes Sicherheitsschloss. Wir sollten uns mal die Schlüsselbunde zeigen lassen.« Im Augenblick ist Thies noch unsicher, wie er vorgehen soll. Jetzt fehlt ihm Nicole. Über Zugfunk hat er eben mit dem Kommissariat in Husum gesprochen. Aber die Hauptkommissarin war gerade unterwegs. Im Augenblick ist Thies auf sich allein gestellt. Na ja, so ganz stimmt das leider auch nicht.

In Waggon Eins herrscht an diesem Morgen große Aufregung. Und das nicht erst, als die tote Agathe Christiansen, eingehüllt in eine Wolldecke, von Thies, Bounty und Müller-Siemsen von der Toilette in das Fahrradabteil verfrachtet wird. Die Teilnehmer des Französischkurses mögen gar nicht hinsehen. Die Szenerie im Nord-Ostsee-Express ist gespenstisch. Das Licht in den Abteilen des Zuges flackert immer wieder auf, und auch die Heizung bläst zwischendurch mal etwas warme Luft in die Waggons. Der Lokführer hat das Notstromaggregat in Betrieb genommen, sporadisch zumindest. Aber dann fällt der Strom auch immer wieder aus. Die gestrandeten Paris-Reisenden bleiben trotzdem die ganze Zeit unter Höchstspannung. Alles läuft auf dem Gang von Wagen Eins aufgeregt hin und her und von Abteil zu Abteil. Nur Fjodor döst schnurrend auf dem Kunstsamt und träumt von einem weiteren Heringsfilet aus einem »Croque Störtebeker«.

Die Reisenden dagegen sind von Heikes homöopathischen Häppchen aus der »Hidden Kist« alles andere als satt geworden. Heike und Giselle verteilen schon Cracker an die anderen. »Französisches Baguette ist es nicht und auch kein Croque«, bemerkt die Restaurantchefin und überlegt, ob sie nicht irgendwie einen kleinen Dip zu dem trockenen Gebäck improvisieren kann. Aber wo soll sie in dem spartanischen Nord-Ostsee-Express die Zutaten hernehmen?

Heike hat sich zusammen mit Frau von Rissen und Gräfin Ignatowski ein kleines Eierlikörchen genehmigt. »Wärmt fürs Erste 'n büschen durch«, findet die Polizistengattin. Es hilft den Damen auch ein bisschen gegen die Aufregung.

Frau Christiansen wird derweil neben den Koffern im Fahrradabteil untergebracht, in dem statt Fahrrädern jetzt ein paar Ballen und Rollen Schafwolldämmung gestapelt sind. Und dann sehen sich Thies und Jean-Pierre Picon die Zugtoilette noch mal etwas genauer an. Sie entdecken auf dem feuchten, kaum einen Quadratmeter großen Boden allerlei Hinweise: das Bonbonpapier eines dänischen Lakritz, eine Bahnfahrkarte, ein durchnässtes Papiertaschentuch, einen winzigen Fetzen rote Seide und jede Menge weiße Tierhaare.

»Ist Ihnen schon aufgefallen, dass zu viele Spuren in diesem Raum vor'anden sind?« Picon macht ein bedeutsames Gesicht.

Und dann holt der Amateurdetektiv ein Schächtelchen mit einem weißen Pulver aus seiner Jacketttasche. »Wie gesagt, wir brauchen keine Spüsi, isch 'abe alles dabei.« Er pustet etwas Pulver über den Fensterrahmen, das Handwaschbecken und den Rand der Kloschüssel. »*Rien*, keine Fingerabdrücke.«

»*Finger*abdrücke sind dat da drauf sowieso nich!« Thies deutet auf die Klobrille.

»Den Fehler begehen Verbrescher heutzutage nischt mehr.« Picon hat den Witz nicht recht mitbekommen. Er ist voll und ganz damit beschäftigt, ein paar Spuren des Pulvers von seinem makellosen Jackett zu pusten. Dies bisschen Pulver scheint ihm größeres Unbehagen zu bereiten als die erdrosselte Lateinlehrerin.

Inzwischen hat sich der Fredenbüller Polizeihauptmeister ein Abteil reserviert, um in Ruhe seine Befragungen durchzuführen. Monsieur Picon will ihm dabei offenbar keinen Moment von der Seite weichen. Thies weiß gar nicht recht, wie er das finden soll. Einerseits kann er ein bisschen Unterstützung gebrauchen, andererseits geht ihm der selbsternannte Oberdetektiv mit seinem blöden Gerede von den grauen Zellen schon jetzt auf die Nerven. Bei der ersten Befragung hat er ihn noch mal dabei.

»Wir müssen alle Personen in diesem Zug befragen«, säuselt der Französischlehrer. »Jeder kann die Mörder sein. Jeder.«

»Na ja, 'n paar kann ich schon mal ausschließen.« Thies lässt keine Zweifel aufkommen. »Meine Frau Heike und auch Bounty, den kenn ich seit Jahren aus der ›Hidden Kist‹, der bringt keinen um!«

»'idde Kist?« Picon sieht ihn fragend an.

»Dat is der Imbiss in Fredenbüll. Aber für Bounty leg ich meine Hand ins Feuer.«

»Im Imbiss? Ins Feuer? Oder in die Fritteuse?« Picon lässt kichernd das Menjou-Bärtchen tanzen, Thies verzieht keine Miene.

»Heike und Bounty sind auf jeden Fall keine Mörder«, stellt er unmissverständlich klar.

»Es passieren die unwahrscheinlischsten Dinge, glauben Sie mir, Monsieur Detlefsen.« Picon sieht ihn herausfordernd an. »Wir müssen Person für Person befragen, wer sisch wann wo aufge'alten und wer etwas beobachtet hat, wer 'at zuletzt die Toilette benützt oder jemand anderen sie verlassen sehen …«

»Zuerst müssen wir uns die Schlüsselbunde zeigen lassen.«

»*Oui,* Monsieur Detlefsen. Wer 'at einen Schlüssel für die Toilettentür? Isch werde alles dokumentieren. Wir müssen uns eine Überblick verschaffen.«

Thies fühlt sich im Moment vollkommen überrumpelt. Was mischt sich dieser belgische Franzose hier in die Ermittlungen ein? Aber dann beginnt er mit den Befragungen und bittet das Ehepaar von Rissen ins Abteil.

16

»Is das jetzt auch eine Schneekatastrophe?« Finn sieht Piet mit großen Augen an.

In dem Moment fährt, durch das Schneegestöber nur schemenhaft erkennbar, Nicoles Zivil-Mondeo vor dem Imbiss vor.

Finn deutet durch die beschlagene Scheibe. »Guckt mal, Mama hat es trotzdem noch gerade eben geschafft.«

Für den Weg vom Auto klappt Nicole die Ohrenklappen ihrer Pelzmütze herunter. Mit ihr zusammen wehen ein paar Schneeflocken in den Imbiss. Die Runde sieht sie erwartungsvoll an.

»Antje, erst mal brauch ich 'n Kaffee.« Nicole wischt sich den Schnee vom Parka. »Und dann will ich unbedingt noch mal 'n Störtebeker.«

»Fischbrötchen für zwei.« Antje und Klaas grienen.

»Mama hat grad ganz dollen Appetit auf Hering.« Auch Finn sieht auf den Bauch seiner Mutter.

»Finn, ich esse jetzt noch mal schnell was und dann fahren wir nach Hause, okay?«

»Nee, Mama, ich glaub, das geht nich. Wir sind hier in der ›Hidden Kist‹ von allem abgeschnitten.«

»Wie kommst du denn darauf?«

»Hat Onkel Piet gesagt.«

»Na, wollen mal sehen, vielleicht können wir uns ja doch irgendwie durchschlagen.« Nicole zwinkert ihrem Sohn zu, der im Augenblick nicht recht weiß, was er von der ganzen Situation halten soll.

»Sagt mal, ihr wisst doch bestimmt, wer hier in der Gegend Elektroautos fährt oder auch verkauft oder vermietet.« Nicole pustet in ihren Kaffee.

»Willst du Polizeiwagen auf E-Auto umstellen?« Klaas bekommt von Antje auch gleich noch einen Kaffee gereicht. »Ich hab auch schon an E-Fahrrad gedacht.«

»E-Auto kannst du doch vergessen, dat is ja kein Auto, dat is 'ne Krankheit.« Mustang-Fahrer Hauke hält nicht viel von der Elektrifizierung. »Die Kisten hab'n doch überhaupt keinen Sound. Kannst du knicken.«

»Nee, wir sind doch auf der Suche nach dem vermissten Kollegen. Sein letztes Lebenszeichen war ein Funkspruch, bevor er eine Fahrzeugkontrolle bei einem Elektroauto durchführen wollte.«

»Komisch«, findet Antje.

»Elektroautos gibt's hier eigentlich kaum«, stellt Klaas fest.

»Jede Menge Windräder, aber mit den Strom-Autos sind wir 'n büschen hinterher. Dabei …« Paulsen überlegt. »Meine alte Firma will ja jetzt wohl auf Elektro umstellen.«

»Landmaschinen?«, fragt Antje.

»Ja, weiß auch nich. Der alte Schmale lebt ja nich mehr, und seine Tochter wollte ja schon immer wat anderes.

Zusammen mit ihrem Mann wollen sie jetzt wohl alles auf Elektro machen.«

»Mähdrescher und Düngerstreuer mit Kabel an die Steckdose?« Klaas hat Zweifel.

»Hör doch auf!« Schimmelreiter Hauke Schröder winkt ab und wirft die nächsten Münzen in den »Explosion«.

»Ich kann mir dat auch nich recht vorstellen. Aber ich muss mich damit nich mehr beschäftigen. Gott sei Dank.« Paulsen zeigt Antje das leere Jägermeister-Fläschchen.

»Aber da geht es um Landmaschinen, oder?«, fragt die Kommissarin nach.

»Ja, nee, die haben doch außerdem die Autovertretung. Wie heißt die Marke? Heung … wang? Korea, glaub ich.«

»Hyunwha?« Auch Klaas überlegt. »Ich weiß nich. Komisch, dabei hab ich immer mal Post für die. Bongsbüll gehört ja zu meinem Bezirk.«

»Nee! Heungmin, glaub ich! Wie der Spieler vom HSV damals!« Paulsen ist sich auf einmal sicher. »Der war doch auch aus Korea.«

Nicole verdreht die Augen, während sie gleichzeitig das Fischbrötchen in sich hineinschlingt. »Haben die vielleicht weiße Elektro-Kleinwagen? Flow oder so ähnlich?«

»Elektro-Floh?« Piet sieht sie über die Gleitsichtbrille fragend an. »Keine Ahnung.«

»Schmale, sagt ihr? Wo sitzen die? Bongsbüll?«

»Bongsbüll, ja.«

»Da will ich schnell noch mal vorbei. Kann Finn noch mal bei euch bleiben? Und eigentlich hab ich heute auch noch Schwangerschafts-Yoga.« Nicole klingt leicht gestresst.

»Dat kriegen wir hin, wat Finn? Ich erzähl auch noch ’n paar schöne Geschichten von der Schneekatastrophe achtundsiebzig-neunundsiebzig.«

»Ja, ich bleib noch hier bei Antje und Piet … und den Schneemann haben wir auch noch nicht gebaut.«

Nicole will sich gerade auf den Weg machen, als Finn wieder nach draußen zeigt. Vom schräg gegenüberliegenden Supermarkt sieht man Frau Ahlbeck zusammen mit Kurschatten Kurt und ihrem Sohn im Edeka-Kittel über die Dorfstraße auf den Imbiss zuschlittern und dabei gefährlich ins Rutschen kommen.

Piet Paulsen blickt besorgt. »Oha, wat hat Oma Ahlbeck denn vor?«

17

»Herr von Rissen, können Sie mir mal Ihr Schlüsselbund zeigen.« Thies kommt gleich zur Sache. Ihm ist die ganze Situation etwas unangenehm, aber er versucht, sich möglichst wenig anmerken zu lassen. Im Augenblick ist ihm sogar ganz recht, dass der Französischlehrer dabei ist.

»Was haben Sie damit denn vor? Wollen Sie bei mir einsteigen, lieber Detlefsen?« Der Ton des Fredenbüller Adligen ist jovial, aber auch ein bisschen pikiert.

»Dat is reine Routine. Ich muss mir alle Schlüssel zeigen lassen.« Es klingt fast wie eine Entschuldigung.

Von Rissen dreht seinen Hals in dem engen Hemdkragen. Dann zieht er ein dickes Schlüsselbund aus seinem englischen Jackett.

»Dat sind ja allerlei Schlüssel.« Thies staunt.

»Wir haben auf dem Gut auch allerlei Türen.« Von Rissen stößt einen meckernden Lacher aus.

Thies begutachtet das imposante Bund. Mit einem Griff hat er gleich einen Einheitsschlüssel herausgesucht. »Der würde auch für die Bahntoilette passen, oder?«

»Mag ja sein, aber ich benutze den Schlüssel für unsere Stallungen und die Remise … und beim Bahn-WC bin ich ausnahmsweise mal auf die Außentoilette ausgewichen.« Der Universalschlüssel kann den Dorfadligen nicht aus der Fassung bringen. Nach dem gemeinsamen Bordeaux am Vorabend ist von Rissen ungewöhnlich milde gestimmt.

»Ja, ich weiß schon.« Thies wird die Situation immer unangenehmer, während Monsieur Picon seine neue Rolle genießt. Er hat ein Notizbuch mit einem gemusterten Seideneinband und einen goldenen Stift gezückt.

»Sie sind Madame und Monsieur von Rissen, Überta und Onno, rischtisch?« Jean-Pierre Picon zupft an seinem Bärtchen, dann trägt er mit großer Geste etwas in sein Büchlein ein.

»Das sollten Sie ja nun wissen.« Huberta fehlt das Verständnis für die Frage. »Wir sind schließlich in Ihrem Französischkurs.«

»*Naturellement*, Madame, isch möchte nur alles genau dokumentieren.« Nicht nur Ehepaar von Rissen, auch Thies ist irritiert.

»Madame und Monsieur von Rissen, 'aben Sie in die letzte Nacht etwas Außergewöhnlisches beobachtet? Verdäschtige Geräusche?«

»Jo, is Ihnen irgendwat aufgefallen?« Thies will verhindern, dass der Belgier ihm die Befragung gänzlich aus der Hand nimmt.

»Was soll ich sagen, lieber Detlefsen, wir beiden haben mit unserem Dorfhippie und seiner attraktiven neuen Freundin im Abteil zusammengesessen und einen wunderbaren 2009er Chateau Poujeaux getrunken. Und dabei ist mir allerdings aufgefallen, dass er Ihnen auch gemundet hat.«

»'at Ihre kleine Weinrunde Beobachtungen gemacht?«, schaltet sich Picon gleich wieder ein.

»Haben wir etwas beobachtet, Detlefsen?« Von Rissen sieht Thies an.

»Ja, nee, eigentlich nich.« Seltsamerweise findet sich der Fredenbüller Polizist auf einmal in der Rolle des Befragten, was ihm gar nicht recht ist.

»Überta, isch darf doch Überta sagen?«, wendet Picon sich jetzt an Frau von Rissen. »Sie waren nicht bei dem kleinen Umtrunk dabei, 'ab isch rescht? Wo waren Sie? 'aben Sie etwas beobachtet?«

»In der Tat, ich war nicht dabei, und Beobachtungen habe ich auch nicht gemacht. Ich habe Frau Ignatowskis Perserkatze noch einmal den Gang entlanghuschen sehen, und dann habe ich auch geschlafen oder zumindest gedöst.« Huberta von Rissen empfindet diese Fragen und vor allem das penetrante »Überta« als Zumutung.

Picon notiert alles ungerührt in seinem Büchlein. »Kennen Sie die Tote näher? Wie ist Ihr Verhältnis zu ihr?«

»Mit der Dame hat mancher hier ausgesprochen unangenehme Erfahrungen gemacht«, bellt Onno von Rissen.

»Welscher Art waren diese Erfahrungen?« Picon wedelt mit dem goldenen Schreiber durch die Luft.

»Na ja, Frau Christiansen war als Lateinlehrerin alles andere als beliebt«, schaltet Thies sich ein. »Meine Töchter Telje und Tadje hatten ja auch bei ihr Latein, und bei Tadje war dat … na ja, so mit Ach und Krach.«

»Aber reischt das für ein Mordmotiv?«, wendet Picon ein.

»Die Dame hat ganze Schülergenerationen auf dem Gewissen.« Onno kämpft mit dem engen Hemdkragen. Seine Gesichtsfarbe ist inzwischen röter als ohnehin schon. »Mit Frau Christiansen hatte noch mancher eine Rechnung offen.«

»War nich mit Ihrem Sohn damals wat?«, fällt Thies ein.

»Unseren Sohn Askan hat es die Zulassung zum Jurastudium gekostet.« Onnos Ton wird schärfer.

»Na, du bist gut«, ereifert sich Huberta. »Mit dem dritten Schulrauswurf hat die Frau Askan fast in den Tod getrieben.«

18

Oma Ahlbeck drängt sich mit Kurschatten Kurt und ihrem Sohn durch die Eingangstür der »Hidden Kist«.

»Hoher Besuch«, kräht Piet Paulsen.

Bürgermeister Hans-Jürgen Ahlbeck klopft sich den Schnee vom Edeka-Kittel.

»Bist nich ’n büschen luftig angezogen?«, gibt Antje zu bedenken.

»Ja, ich bin ja nur kurz wegen meiner Mutter mit rüber.« Weiter kommt er gar nicht.

»Nicole, ich hab dat Auto stehen sehen«, platzt es sofort aus Oma Ahlbeck heraus. »Ich hab schon bei Thies angerufen, aber der war nich da.«

»Thies is in Paris«, rufen Antje und Klaas im Chor.

»Ich muss nämlich wat melden, das heißt, Kurt und ich müssen wat melden. Wir haben ’n Mord beobachtet.« Frau Ahlbeck blickt triumphierend in die Runde, die augenblicklich das Kaffeetrinken und den Sandwichverzehr einstellt. Nicht mal der Daddelautomat gibt einen Ton von sich.

»Na, so ganz genau konnten wir das auch nicht sehen«, unterbricht Kurt sie. »Wir haben die Tat ja vor allem durch mein Teleobjektiv beobachtet, und außerdem fuhr die Bahn ja vorbei.«

»Moment mal, ich komm da nicht ganz mit.« Nicole zieht ihren Parka, den sie sich gerade übergezogen hat, wieder aus. »Was haben Sie denn beobachtet?«

»Eigentlich Goldregenpfeifer!«, antwortet Kurt prompt. »Ein Freund aus meiner Fotogruppe hatte mir den Tipp gegeben, dass ein großer Schwarm an diesem Morgen unsere Deichlandschaft überfliegen sollte. Von Süden kommend Richtung Skandinavien.« Kurt gerät ganz außer Atem.

»Stattdessen kam dann in umgekehrter Richtung der Nord-Ostsee-Express«, fällt Oma Ahlbeck ihm mit rollendem R und spitzem St ins Wort. »Dat muss der Einundzwanzig-Uhr-Fünfzig ab Niebüll gewesen sein.«

»Einundzwanzig Uhr fünfzig?« Nicole sieht die Mutter des Bürgermeisters zweifelnd an. »Wann wollen Sie den Zug gesehen haben?«

»Ja, das is es eben, dat war ja schon morgens. Ich sag noch zu Kurt, der Einundzwanzig-Uhr-fünfzig hat aber mächtig Verspätung.«

»Typisch Bahn.« Der Schimmelreiter fühlt seine Vorurteile bestätigt und füttert den »Explosion« mit weiteren Geldmünzen.

»Wie viel Uhr war es denn?« Irgendwie hat Nicole den Eindruck, dass bei Oma Ahlbeck Kino und Realität mal wieder durcheinandergehen. Lief vorgestern nicht gerade der Miss-Marple-Klassiker ›Soundso viel Uhr ab Paddington‹ im Fernsehen? Die genaue Uhrzeit hat sie sich nicht gemerkt, aber es war auch etwas mit Fünfzig.

»Wann war dat, Kurt?« Die Antwort wartet Frau Ahlbeck nicht ab. »Dat muss so gegen sechs gewesen sein, war ja noch dunkel. Aber dat interessiert die Regenpfeifer scheinbar gar nicht.«

»Habt ihr da am frühen Morgen bei der Vogelbeobachtung nicht vielleicht doch etwas durcheinander bekommen?«, gibt Edeka-Mann Hans-Jürgen zu bedenken.

»Was genau haben Sie da denn nun gesehen?« Die Kommissarin will allmählich mal zur Sache kommen. Sie weiß ja mittlerweile, dass Befragungen von Frau Ahlbeck nicht so ganz einfach sind. »Mal abgesehen von den Regenpfeifern.«

»Die Goldregenpfeifer haben wir ja leider nicht gesehen«, korrigiert Kurt sie. »Stattdessen diesen …«

»Dat war 'n Mord«, fällt seine Bekannte ihm gleich wieder ins Wort.

»Wie konnten Sie das auf diese Entfernung erkennen? Was haben Sie überhaupt gesehen?«

»Vor allem ist uns das rote Tuch oder der Schal aufgefallen. Wir konnten das durch mein Teleobjektiv ganz deutlich sehen.« Kurt ist immer noch ganz aufgeregt.

»Dat Gesicht von der Frau wurde so gegen dat Fenster gepresst, die beiden Hände mit allen zehn Fingern auf der Scheibe und gleichzeitig hat der Mann dat rote Halstuch um ihren Hals zusammengezogen.« Dabei klingt Oma Ahlbeck nicht erschreckt, sondern fast begeistert. Ihr Sohn steht im Edeka-Kittel daneben und staunt.

»Es waren ein Mann und eine Frau? Haben Sie den Mann erkennen können?«, fragt Nicole nach.

Frau Ahlbeck und Kurt sehen sich fragend an und schütteln zögernd den Kopf.

»Ich glaub, er hatte so ’n roten Mantel an.« Ganz sicher ist sich Oma Ahlbeck aber nicht.

»Bei dem Wetter war der Weihnachtsmann noch mal unterwegs, oder wie?«, krächzt Piet Paulsen dazwischen.

»Aber Sie haben gesehen, dass es sich um einen Mann handelt?« Nicole lässt sich nicht irritieren.

»Na ja, ’ne Frau wäre doch gar nich so kräftig, um jemanden so gegen die Scheibe zu drücken und mit dem Tuch zu erdrosseln … oder?« Die Mutter des Bürgermeisters zögert.

»Ich weiß auch nich, ob meine Mutter das so genau gesehen hat.« Auch ihr Sohn hat leise Zweifel.

»Es könnte theoretisch also auch eine Frau gewesen sein?«, hakt Nicole noch mal nach.

»Kurt, zeig doch mal dat Foto«, ermuntert Frau Ahlbeck ihren Bekannten. »Kurt hat natürlich Fotos gemacht.«

»Sie haben Fotos? Warum sagen Sie das nicht gleich!« Der Kommissarin fehlen die Worte.

Kurschatten Kurt zückt zögernd die Kamera. Doch eigentlich mag er die Bilder gar nicht zeigen. »Die Lichtverhältnisse waren … nicht ganz ideal …«

Nicole sieht sich das Bild an. »Da ist etwas Rotes zu erkennen, und das könnte das Gesicht einer Frau sein … Ich fürchte, sehr viel weiter bringt uns das nicht.«

»Dat war ’n Mord.« Darin ist sich Oma Ahlbeck sicher. »Da is ’ne Frau erdrosselt worden.«

Nicole zückt ihr Handy und ruft gleich bei der Bahn an. Doch da läuft nur ein Band. »Im Bereich Nordfriesland kann es wegen der unvorhergesehenen Witterungsverhältnisse zu Verspätungen kommen«, tönt es aus dem laut gestellten Smartphone.

»Unvorhergesehen?« Piet Paulsen wedelt mit dem Zeigefinger. »Wie gesagt, dat is eigentlich normal, wenn du diese kollabierenden Polarwirbel in der Stratosphäre hast.«

»Nee, Piet, die Verspätungen sind wegen dem Schnee«, wendet Oma Ahlbeck ein.

Nicole bekommt währenddessen schon den nächsten Anruf auf ihrem Handy. Der Kollege aus Husum ist dran. Er klingt aufgeregt, das ist aus dem noch laut gestellten Handy gleich zu hören.

»Wir haben eben grad einen Funkspruch von Thies bekommen. Neuer Mordfall …«

»Mord? Wie bitte?« Nicole ist vollkommen durcheinander.

»Seid ihr jetzt auch für Paris zuständig?«, wundert sich Paulsen.

»Wieso Paris? Thies Detlefsen steckt im Nord-Ostsee-Express fest, und da haben sie eine Tote«, fährt der Husumer Beamte fort. »Er geht von Mord aus.«

»Das tut Thies immer«, seufzt die Kommissarin. »Wo ist der Zug denn? Habt ihr schon jemanden hingeschickt?«

»Das ist es ja eben, dat geht nich. Der steckt irgendwo mitten auf der Strecke zwischen Bredstedt und Friedrichstadt fest. Da kommt im Augenblick keiner weg und auch keiner hin.«

»Kann doch wohl nicht wahr sein.« Nicole ist ungeduldig.

»Mal aus'm Fenster geguckt, Frau Hauptkommissarin? Es schneit«, pflaumt der Husumer sie an. »Aber der Kollege ist ja vor Ort.«

19

Mit den Schlüsseln ist Thies schon ein ganzes Stück weitergekommen. Nach ersten Irritationen haben alle mehr oder minder bereitwillig ihre Schlüsselbunde präsentiert. Der schweigsame Mann in der karierten Holzfällerjacke in Wagen Zwei hatte sich zunächst noch gewehrt. Vertieft in ein Heft ›Sudoku für Champions‹ hatte er gelangweilt auf einem Bonbon herumgekaut, aber dann hat auch er seine Haustürschlüssel aus der dicken Jacke gezogen.

»Isch hätte nicht gedacht, dass es so eine große Variation unterschiedlicher Schlüssel gibt, *n'est-ce pas?*«, konstatiert Monsieur Picon.

»Na ja, muss schon passen«, meint Thies.

Die sorgfältig begutachteten Schlüssel sind leider alle nicht mit der Toilettentür des Nord-Ostsee-Expresses kompatibel. Bounty hat so ein angerostetes Teil an seinem üppigen Bund, das aussieht, als könne es passen. Aber der Schlüssel zum Übungsraum seiner Band im Keller des »Dorfkruges« in Reusenbüll hat bei genauerem Hinsehen dann doch eine Kante zu viel. Stattdessen meint Bounty, in den sehr frühen Morgenstunden eine Gestalt in einem roten Morgenmantel auf dem Gang gesehen zu haben.

»Hinten auf dem Rücken so chinesische Schriftzeichen oder japanische«, erinnert sich Bounty.

»Chinesische Schriftzeichen?« Thies sieht seinen Imbissfreund eindringlich an. »Du hattest jetzt aber nichts … irgendwie …?«

»Nö, statt schwarzem Afghanen roten Bordeaux.« Der Althippie grinst. »Kommt auch gut.«

Weiteres Hauptaugenmerk haben Thies und Picon auf die Toilettenbesuche während der Nacht gelegt. Den Damen Müller-Siemsen und Ignatowski ist die Frage etwas unangenehm. Die anderen geben bereitwillig Auskunft. Giselle hat gegen drei Uhr nachts noch einmal das WC in Waggon Eins aufgesucht. Auch Heike und die Eheleute von Rissen haben nächtliche Toilettenbesuche zu Protokoll gegeben. Danach will auch Heike ebenfalls eine große schlanke Gestalt in einem roten Morgenmantel mit »wat Chinesischem hintendrauf« auf dem Gang gesehen haben, wenig später schon wieder halb im Schlaf den Perserkater Fjodor. Picon hat das alles fein säuberlich protokolliert. Thies ist das ganz recht. Schreibarbeiten sind nicht so seine Sache.

Die genaue Tatzeit steht damit zwar noch nicht fest, aber sie wissen schon mal, wer wann auf dem Klo war. Und ab sechs Uhr frühmorgens war das WC besetzt.

»Aller Wahrscheinlischkeit nach von der toten Madame Christiansen«, vermutet Picon. »Bleibt die große Frage, ist die Toilette auch der Tatort, oder wurde das Opfer nach der Tat dort'in transportiert?«

»Dat hätte vermutlich wohl doch jemand mitbekommen«, wendet Thies ein. »Ich mein, Heike und Bounty konnten sogar die chinesischen Buchstaben lesen. So ’n Totentransport hätten die gesehen. Heike auf jeden Fall, der entgeht nix.«

Die Befragung von Madame Ignatowski ist dagegen wenig ergiebig. Die Fragen von Thies und Picon überhört sie einfach. So richtig scheint sie den Tod der Lateinlehrerin noch gar nicht realisiert zu haben.

»Wann geht die Fahrt denn endlich weiter? Ich habe für morgen Abend Karten für die Pariser Oper, die ›Zauberflöte‹!«

»Vor der ›Zauberflöte‹ haben wir hier erst noch ’n Mord aufzuklären.« Thies lässt keine Missverständnisse aufkommen.

»Wie ist eigentlich derzeit die Oper in Hamburg? Die hatte ja mal einen guten Ruf.« Die Exilgräfin dreht zeitlupenartig den Schildkrötenhals. Bounty hat ihr hinter vorgehaltener Hand deshalb schon den Spitznamen »Lady Curzon« verpasst.

»Können Sie uns etwas über die Ereignisse der letzten Nacht berischten?«, stellt Picon gebetsmühlenartig seine Standardfrage.

»Was für eine Frage!«, krächzt die russische Gräfin. »Ich habe kein Auge zugetan, die letzte Nacht war eine Zumutung. Das war wie auf der Flucht nach der Revolution.«

»Dafür sind Sie aber dann doch etwas zu jung, dass Sie das miterlebt ’aben«, will Monsieur Picon seinen Charme spielen lassen.

»Was schätzen Sie denn, wie alt ich bin?« Frau Ignatowski reckt den knittrigen Hals. »Ich werde im nächsten Jahr achtzig«, antwortet sie selbst.

Thies geht gar nicht darauf ein. »Wenn Sie wach waren, haben Sie vielleicht wat mitbekommen. Haben Sie jemanden auf dem Gang gesehen? Ist Ihnen was aufgefallen?«

»Na ja, Fjodor war weg, das habe ich natürlich bemerkt. Aber der ist nachts immer auf seinen Streifzügen.«

»Eine Frage hab ich noch.« Thies zieht das rote Seidentuch mit dem Drachenmuster aus einem Beutel.

»Da ist es ja wieder! Wie kommen Sie zu meinem Tuch?« Frau Ignatowski ist entrüstet.

»Das hatte Agathe Christiansen um ihren Hals«, klärt Thies sie auf.

»Wie kommt diese Frau zu meinem Seidenschal?«

»Dat wüssten wir auch gern.«

Sie will ihr Seidentuch gleich an sich nehmen, wird von Thies aber gleich gestoppt. »Nee, dat is ’n Beweisstück.«

»In was für eine Gesellschaft bin ich da nur geraten.« Sie spitzt die zittrig übermalten Lippen, wobei die Falten um den Mund noch deutlicher zutage treten. Viel mehr ist aus Gräfin Ignatowski nicht herauszubekommen.

Auf den Gängen und in den Abteilen der beiden Waggons laufen die Fahrgäste aufgeregt durcheinander. Während es draußen immer noch schneit, ist der Notstrom gerade mal wieder ausgefallen. Bisher war die Situation noch unwirklich. Aber inzwischen haben alle begriffen, dass ein Mitglied ihrer Reisegesellschaft nebenan tot im Fahrradabteil liegt. Trotzdem haben die meisten allmählich Hunger. Eierlikör ist noch reichlich da. Aber die letzten Päckchen Salzcracker sind aufgeknabbert. Agathes ehemaliger Schüler und die allein reisende Dame aus Wagen Zwei haben noch nicht mal etwas von den Crackern abbekommen. Der wortkarge Typ aus dem Nebenwaggon sitzt trotz seiner dicken Jacke fröstelnd in seinem Abteil, hat das fünfte Sudoku gelöst und hält sich ansonsten aus allem heraus. Ihm scheint der Appetit nachhaltig vergangen zu sein. Aber allen anderen knurrt der Magen. Thies und Bounty haben zum wiederholten Male angeregt, Carepakete aus der »Hidden Kist« zu ordern.

»Zur Not müssen die vom Hubschrauber wat abwerfen«, meint der Fredenbüller Hauptmeister. »Hab'n wir alles schon gehabt, über den Halligen und so, als die See zugefroren war.«

»Bouletten-Bomber«, grinst Bounty. »Wir sollten schon mal 'ne Einkaufsliste schreiben.«

»Antje hat bestimmt ein paar tolle Snack-Ideen.« Am liebsten würde Giselle bei den Sandwiches mit einsteigen.

Alle reden aufgeregt durcheinander. Mehrere bedrängen den Schüler aus Wagen Zwei, um mit dessen »friesitel«-Handy einen schnellen Anruf tätigen zu können. Nur Zugbegleiter Dennis Wiese, der noch ein Käsebrot in der Hinterhand hat, sieht die Situation erstaunlich gelassen.

»Dat passiert immer mal, dass Panik ausbricht und die

Leute durchdrehen«, erzählt der Schaffner, als wäre es die normalste Sache der Welt. »Einige wollen die Scheiben einschlagen. Ja, hat es alles schon gegeben, allerdings nich in Norddeutschland. Eigentlich kommt in solchen Situationen der Notfallmanager. Aber der kommt hier genauso wenig ran wie die Feuerwehr. Wir sind hier fürs Erste abgeschnitten.«

»Wir haben für Paris aber auch wirklich Pech mit 'm Wetter«, resümiert Heike und genehmigt sich zusammen mit Frau Ignatowski zum Trost einen Eierlikör. Ihr Mann wirft ihr einen strafenden Blick zu. »Thies, nützt doch nix, wat woll'n wir denn machen bei dem Wetter.«

Die Innenbeleuchtung flackert ein paarmal kurz auf, dann sind der Strom und die Heizung wieder ausgefallen, die Türen nicht mehr zu öffnen. Zumindest ist das WC wieder frei und wird nach der langen Sperrung ausgiebig genutzt.

»Irgendwann kommen wir hier auch wieder weg. Der Schnee soll demnächst in Regen übergehen. Wahrscheinlich morgen.« Schaffner Wiese nimmt fürs Erste schon mal einen kräftigen Schluck geschmolzenen Schnee aus der großen Plastikflasche.

»Solange wir den Fall nich gelöst haben, verlässt hier niemand den Zug.« Thies hat seinen wichtigen Blick aufgesetzt und bittet die Eheleute Müller-Siemsen zur Befragung ins Polizei-Abteil. Sein unvermeidlicher Assistent Jean-Pierre Picon ist ebenfalls zur Stelle.

20

Kappe wird immer nervöser. Die Anzeige auf seinem Armaturenbrett blinkt in allen Farben. Warnschilder, Ausrufezeichen und die aufleuchtenden Buchstaben ACHTUNG! BATTERIE LEER! Keine Schildkröte, kein Eco-Modus, nur die Anzeige »3400 Meter«. Die Reichweite wird nicht mehr in Kilometern, sondern in Metern angegeben. Das ist kein gutes Zeichen, denkt Kappe. Das heißt, eigentlich denkt er gar nichts. Er fährt einfach weiter, ohne Plan. »Scheißlightshow!«, brüllt er den blinkenden Symbolen auf dem Armaturenbrett entgegen. Soll er den Wagen einfach stehen lassen und sich zu Fuß irgendwie durchschlagen? Nein, das geht nicht, schon wegen des Pakets im Kofferraum nicht. Er braucht dringend eine Steckdose. Sofort! Zur Not muss er hier irgendwo einbrechen und sich aus einer blöden Garage den Strom klauen.

»Reichweite 2600 Meter«. Die Zahlen verschwimmen vor seinen Augen. Die Warnglocke hallt ihm unerbittlich in den Ohren, als würden die Kirchenglocken seine eigene Beerdigung einläuten. Der Schnee ist weniger geworden, aber ganz hat es noch nicht aufgehört zu schneien. So genau kann Kappe es nicht erkennen. Er kann praktisch gar nichts mehr sehen. Der Scheibenwischer läuft mittlerweile auf Super-Eco-Modus und lahmt nur alle halbe Minute in Zeitlupe einmal müde über die Frontscheibe. »1850 Meter«.

Mehr noch als diese Scheißelektrokiste beschäftigt ihn sein Kumpel Denny. Weitere Anrufe bei ihm sind zwecklos. Aber langsam müsste er sich mal melden. So viel Zeit haben sie schließlich auch nicht. Kappe wird immer nervöser. Er fingert sich eine Zigarette aus der Schachtel und kramt nach dem Einwegfeuerzeug in seiner Jackett-tasche. Elektroauto, aber kein Zigarettenanzünder! Er kann das Feuerzeug nicht finden und behält die Kippe trocken zwischen den Lippen.

Allmählich müssen sie hier mal die Biege machen. Und mit diesem blöden E-Auto kann er hier ja offenbar auch nicht ewig rumfahren. »850 Meter«. Die leuchtenden Zahlen blenden ihn, dass er die Straße kaum sehen kann. Der Schnee patscht jetzt in dicken Placken auf die Scheibe. Und dann meint er in dem Schneematsch, den der Wischer über die Scheibe schaufelt, ein diffuses gelbes Leuchten zu erkennen.

Kappe konzentriert sich auf das Licht und lässt das Auto im Super-Eco-Modus weiterrollen. Das sieht nach einer Baustelle aus. Das könnte seine Rettung sein. Er fährt näher heran. Vielleicht hängt hier irgendwo ein Stromkabel herum? Jetzt ist das blinkende Warnlicht deutlich zu erkennen und die rot-weiß-gestreiften Absperrschranken. Kappe stoppt den Wagen. Als er gerade aussteigen will, ertönt der Klingelton seines Handys.

Denny! Endlich! Er sieht eine Nummer, die ihm nichts

sagt. Dennys Nummer ist das nicht, die kennt er. Es kann ja auch gar nicht sein, sein Handy liegt neben ihm auf dem Beifahrersitz. Wer ist das, der ihn hier anruft? Kappe bekommt keine Telefonate, zumindest nicht auf diesem Prepaid-Handy. Dass sein Telefon hier klingelt, ist kein gutes Zeichen. Ist das vielleicht doch Denny? Dann bricht das Klingeln mitten im Ton ab. Und eine Viertelminute später schrillen Black Sabbath durch den Elektrowagen, der krachende Anfang von ›Paranoid‹. Kappe zuckt augenblicklich zusammen. Einen ›Paranoid‹-Akkord lang sitzt er wie erstarrt in seinem Autositz. Dann greift er sich das Handy. Erschrocken starrt er auf das Display. Ist das dieselbe Nummer wie eben? Ohne weiter zu überlegen, drückt er das grüne Feld auf dem Handy.

»Ja?!« Es entsteht eine kurze Pause. »Denny?«

»Na klar, wer denn sonst?«, blafft sein Kumpel ihn an. Denny wirkt heute besonders gesprächig.

»Und? Was ist?« Kappe ist nervös. »Alles erledigt, oder was?« Dabei fliegt ihm beinahe die Zigarette aus dem Mund.

»Jo, alles klar so weit!«

21

Nicole will der Mutter von Polizeianwärter Ole Matthiesen unbedingt einen Besuch abstatten. Sie hat schon mehrmals in der Wache in Husum angerufen und ihren Sohn vermisst gemeldet. Das kleine Rotklinker-Häuschen der Familie Matthiesen liegt in einer Nebenstraße in Niebüll. Auch hier hängen im Vorgarten jede Menge zugeschneite Plastikostereier. Noch bevor Nicole die Klingel drücken kann, öffnet sich die Tür. Es ist kein vorsichtiges Öffnen, Frau Matthiesen reißt die Tür förmlich auf. Sie steht stumm da in ihrer dicken Steppweste und sieht die Kommissarin angstvoll an. Auch Nicole weiß im ersten Augenblick gar nicht, was sie sagen soll.

»Ja?« Es klingt zaghaft. Oles Mutter ist anzusehen, dass sie mit dem Schlimmsten rechnet.

»Sind Sie Frau Matthiesen, die Mutter von Ole Matthiesen?«, fragt Nicole der Form halber noch mal.

»Ja, natürlich. Was ist denn?«

»Wir vermissen Ihren Sohn. Er ist gestern in der Wache in Husum losgefahren … und ganz offensichtlich nicht bei Ihnen zu Hause angekommen.«

»Nein, ich versteh das nicht.« Frau Matthiesen ist anzusehen, dass sie die Nacht nicht geschlafen hat.

»Wir verstehen das auch nicht recht.«

»Frau Stappenbek, wollen Sie nicht reinkommen. Entschuldigen Sie.«

»Ja, nur kurz.« Nicole nimmt die Fellmütze ab. »Haben Sie denn eine Nachricht von Ihrem Sohn bekommen, hat er sich telefonisch gemeldet vom Handy oder so?«

»Vom Handy? Nein.« Es klingt, als sei dies eine völlig abwegige Idee.

»Kann es sein, dass er anderswo übernachtet hat. Kommt das vor?«

»Anderswo übernachten? Nein, wieso?« Jetzt klingt Mutter Matthiesen sogar entrüstet. »Wo denn?«

Ob Ole eine Freundin hat, mag Nicole schon fast gar nicht mehr fragen. Sie versucht es trotzdem. »Hat ihr Sohn vielleicht eine …?«

»Nein«, entgegnet sie sofort barsch und sieht die Kommissarin an, als würde die ihren Sohn einer schweren Straftat bezichtigen.

»Die Zentrale hat spätabends noch einen Funkspruch von Ihrem Sohn erhalten …«

»Und dann hat man ja angeblich seinen leeren Polizeiwagen aufgefunden, was ist da passiert?« Die Kollegen haben Oles Mutter offenbar über den Fund seines Dienstfahrzeugs informiert. Darüber ist die Kommissarin gar nicht so glücklich.

»Wo ist er denn hin, ohne das Auto? Oder ist er überfallen worden?« Frau Matthiesen wird immer unruhiger.

»Das halte ich für unwahrscheinlich«, versichert Nicole. Aber ihr ist es selbst ein Rätsel, was mit Ole passiert sein könnte. »Ich geh mal davon aus, dass sich alles in Kürze aufklärt und sich ihr Sohn wieder anfindet.«

»Ich war ja immer dagegen, dass er in den Polizeidienst geht«, klagt die Mutter weiter. »Jetzt auch noch ohne Auto, zu Fuß, und dat bei diesem Wetter.«

»Wir werden Ihren Sohn finden«, versucht die Kommissarin sie zu beruhigen. »Sie werden sehen, heute Abend sitzt er schon wieder bei Ihnen.«

»Nur gut, dat ich ihm die neue dicke Thermounterwäsche hingelegt hab.« Sie gibt einen tiefen Seufzer von sich.

»Thermounterwäsche?« Nicole staunt.

»Ja, Thermounterwäsche, dat is so ein festes schwarzes Gewebe, dat is frostgetestet, Nordpol oder so, weiß auch nicht.« Mutter Matthiesen fasst schon wieder etwas Hoffnung.

»Da haben Sie recht, gut dass er die Thermounterwäsche trägt.« Nicole nickt. Sie sieht nach draußen ins Schneegestöber. Viel helfen wird ihm das auch nicht, denkt sie.

22

Die Zusammenarbeit zwischen dem Fredenbüller Dorfpolizisten und dem Französischlehrer gestaltet sich nicht ganz einfach. Als Reiseleiter mag er ja ganz amüsant sein, aber jetzt geht ihm dieser belgische Dandy zunehmend auf den Geist. Thies hat es einfach versäumt, den Monsieur von Anfang an aus den Ermittlungen herauszuhalten. Aber er ist es eben nicht gewohnt, allein zu ermitteln. Auch wenn man es nicht immer gleich merkt, Thies ist eigentlich Teamplayer. Doch Nicole kann dieser aufgeblasene Monsieur Picon nun wirklich nicht ersetzen. Sonderliche Fortschritte machen die gemeinsamen Ermittlungen mit ihm nicht.

»Bisher treten wir auf der Stelle, wir sind noch kein Stück weiter«, stellt Thies resigniert fest.

»Isch bin kein Zauberer, *mon cher*, isch bin genauso ratlos wie Sie. Wir 'aben es mit einem merkwürdigen Fall zu tun, *étrange*.« Jean-Pierre Picon neigt den eierförmigen Kopf zur Seite und streicht die schwarz glänzenden Haare glatt.

»Spusi wär doch nich so schlecht«, bemerkt Thies.

»Fingerabdrücke 'abe isch genommen. Was sollen wir sonst noch tun?« Picon poliert den Siegelring auf seinem kleinen Finger an dem Revers seines Jacketts. »Wir könnten nach Katzenhaaren suchen. Aber bringt uns das weiter? Monsieur Fjodor hat überall seine Spuren hinterlassen.«

Von der Katze als wichtigstem Zeugen will Thies im Augenblick nichts wissen. »Wat haben wir bisher? 'ne tote Lateinlehrerin, die nich sonderlich beliebt war.« Thies überlegt. »Alle Tatverdächtigen sind hier im Zug, und fast alle haben ein Motiv.«

»Madame Christiansen war scheinbar streng. Aber sind schlechte Lateinzensuren gleich ein Mordmotiv?« Der Französischlehrer runzelt die Stirn.

»Oder gibt es doch jemand anderen, von dem wir nichts wissen, der sofort wieder verschwunden ist? Und dessen Motive wir nich kennen?« Thies kann sich einfach nicht vorstellen, dass sie den Mörder in der Reisegruppe finden.

»Aber wo ist der Mann oder die Frau hin?« Picon streckt mit gespielter Verzweiflung die Arme von sich. »Die Person kann sisch nicht in Luft aufgelöst 'aben.«

»Irgendwie kann sie den Zug unbemerkt verlassen haben. Spuren im Schnee waren sofort wieder zugeschneit.«

»Was ist mit der geheimnisvollen Person in dem roten Morgenmantel? Wir müssen systematisch alle verhören …«

»… und zwar alle, auch die Personen aus Waggon Zwei, den ehemaligen Schüler, den Mann in der dicken Jacke mit dem Rätselheft und die Frau.« Thies überlegt. »Ich glaub, die hab ich schon mal irgendwo gesehen … und dann ist da auch noch der Schaffner.«

»Der Schaffner ist immer der Mörder, *n'est-ce pas?*« Picon verzieht den Mund samt Bärtchen zu einem Grinsen.

»Jo, so ähnlich.« Der Fredenbüller Dorfpolizist überlegt. »Vielleicht sollten wir auch einfach mal rausfinden, wo dieser rote Mantel ist und wem der gehört.«

Inzwischen sitzen Thies und sein unvermeidlicher Assistent mit dem Ehepaar Müller-Siemsen in ihrem Abteil. Der emeritierte HNO-Professor hat sich die tote Lateinlehrerin gerade noch einmal näher angesehen. Kurzzeitig hatte er sogar einen Herztod oder auch einen Selbstmord in Erwägung gezogen. Aber die sogenannten petechialen Blutungen und der Blutaustritt aus der Nase sowie die Stauung der Nasenschleimhaut, die ihm als HNO-Arzt natürlich sofort aufgefallen sind, sprechen doch für ein Erwürgen. Ein offizieller gerichtsmedizinischer Befund ist das natürlich nicht, wie Müller-Siemsen immer wieder betont. Aber Thies und Picon haben noch ein paar andere Fragen an die Eheleute Müller-Siemsen.

»Können Sie uns über die Ereignisse in der letzten Nacht berischten?«, legt der Hobbydetektiv sofort los.

»Es war allerhand los auf dem Gang.« Frau Müller-Siemsen stößt einen lautstarken Seufzer aus. »Ich habe kaum ein Auge zugetan ... im Gegensatz zu meinem Mann.« Es klingt wie ein Vorwurf.

»Wenn Sie die Augen offen hatten, müssen Sie ja wat gesehen haben.« Thies sieht Frau Müller-Siemsen herausfordernd an.

»Ja, den jungen Daniel Koop aus dem anderen Waggon habe ich mehrmals den Gang entlanglaufen sehen. Er ist ja ein ehemaliger Schüler von Frau Christiansen.«

»Er kam ja im letzten Moment kurz vor Abfahrt des Zuges«, erklärt ihr Mann. »Zusammen mit dem Schaffner und einem anderen. Alle drei in diesen karierten Jacken, als würden sie gerade vom Holzfällen aus dem Wald kommen, das war schon ein komisches Bild.«

»Wir kennen ihn«, verrät Angelica. »Als Schüler hat er bei uns immer mal den Rasen gemäht und sich mit ein paar anderen Arbeiten ein bisschen Geld verdient, vor dem Winter das Wasser abgestellt und, bevor wir kamen, die Heizung angemacht. Er ist dann leider etwas … wie soll ich sagen?«

»Alles etwas tragisch«, ergänzt der Doktor.

»Tragisch?«, fragt Thies. Aber auf einmal meint er sich zu erinnern, dass seine Töchter auch schon von diesem Daniel erzählt haben.

»Er hatte wohl große Probleme in der Schule und auch sonst«, führt der Professor weiter aus. »Keine Freunde, dann soll er Lehrer bedroht und eine junge Referendarin belästigt haben. Schließlich wurde er von der Schule verwiesen.«

»Es heißt ja, dass er längere Zeit in der Psychiatrie war.« Angelica zupft an ihrer Steppjacke. »Aber das kommt in den besten Familien vor. Unser guter Onno von Rissen war ja ebenfalls, wie man weiß …«

»Ja, Daniel ist ein etwas verstörter junger Mann«, sinniert Müller-Siemsen. »Aber unsere Aufträge hat er immer zuverlässig erledigt.«

»Haben Sie gesehen, ob er ein Abteil aufgesucht hat?«, schaltet sich Picon zur Abwechslung mal wieder ein.

»Ein Abteil? Sie meinen das Abteil von Frau Christiansen? Nein.« Der Professor überlegt. »Ich glaube, er ist lediglich den Gang entlanggelaufen.«

»Wir sollten auch von der Frau in dem roten Morgenmantel erzählen, die nachts im Zug unterwegs war.« Angelica Müller-Siemsen knöpft fröstelnd jetzt auch den obersten Knopf ihres Steppjäckchens zu.

»Haben Sie die Person erkannt?«, will Thies wissen. Beide Müller-Siemsens schütteln den Kopf. »Aber Sie haben gesehen, dass es eine Frau war?«

»Ich habe diese Gestalt im roten Morgenrock überhaupt nicht gesehen«, relativiert der Doktor achselzuckend die Aussage seiner Frau.

»Aber ich habe sie gesehen«, giftet sie gleich zurück. »Musst du mir denn immer in den Rücken fallen?«

»Immer langsam, dat deckt sich mit anderen Aussagen. Den roten Bademantel haben mehrere gesehen«, moderiert Thies den drohenden Ehestreit. »Aber Sie wissen nicht, wem das rote Teil gehört?«

»Madame Christiansen war in der *groupe* nischt sonderlisch beliebt«, schaltet sich Oberdetektiv Picon wieder ein. »Sie gehörte ja auch gar nischt zu diesem Kurs, sondern war aus einem anderen Kurs dazugestoßen. Womit nischt alle ganz glücklich waren, *n'est-ce pas*.«

»Sie ist einfach keine angenehme Person.« Angelica zupft nervös an ihren blondierten dünnen Haaren.

»Dat haben wir schon von anderer Seite gehört.«

»Ja, die von Rissens haben wegen ihres Sohnes ... aber das sollen sie Ihnen am besten selbst erzählen.« Müller-Siemsen hält sich bedeckt.

»Dat haben sie bereits«, klärt Thies ihn auf. »Aber wie ist oder war Ihr Verhältnis zu Frau Christiansen?«

»Wir haben zu der Dame eigentlich gar kein Verhältnis. Das kann man doch so sagen, oder, Ulrich?«

»Ja, was soll ich sagen?« Der Professor wiegelt ab.

»Ich finde, du solltest Herrn Detlefsen und Monsieur Picon von den ungeheuren Anschuldigungen erzählen.«

»Anschuldigungen?« Picon zwirbelt das Menjou-Bärtchen.

»Es hat da vor längerer Zeit einen Vorfall bei uns in der Universitätsklinik gegeben ...« Der Doktor windet sich.

»Uli, du musst das erzählen, das grenzte ja schon an Erpressung.«

»Erpressung?« Thies wird hellhörig.

»Erpressung geht wohl etwas weit«, beschwichtigt Müller-Siemsen. »Wir hatten vor etlichen Jahren eine Stirnhöhlen-OP bei der Schwester von Frau Christiansen durchgeführt. Ich habe damals selbst operiert. Der Eingriff war etwas kompliziert, aber eigentlich ganz gut verlaufen. Doch in der folgenden Nacht gab es Komplikationen ...« Der Professor macht eine Pause. »... mit tragischerweise letalem Ausgang.«

»Seitdem bombardiert sie Uli mit hanebüchenen Anschuldigungen, stellt unverschämte Forderungen und will ihn sogar vor Gericht zerren. Na ja, das hat sich jetzt ja wohl erübrigt ...«

»Angelica, bitte!«

23

Selbst die rote Spitze des Hordenschüttlers ist mittlerweile eingeschneit. Die Verkehrsmeldungen und Wetterdurchsagen spulen sich in einer Endlosschleife aus dem Radio. Lundius hört gar nicht mehr hin. Die Berichte über Tiefdrucksysteme polaren Ursprungs, über liegengebliebene Fahrzeuge, gesperrte Straßen und eine im Schneesturm verloren gegangene Seniorin verschmelzen für ihn zu einem einzigen diffusen Katastrophen-Potpourri. Doch dann tönt auf einmal der Klingelton seines Handys dazwischen. Er ist gar nicht mal lauter als das Radio, aber dem Bongsbüller Landmaschinenvertreter schrillt es in den Ohren. Er zuckt sofort zusammen. Auf diesen Anruf wartet er schon den ganzen Morgen.

»Ja?!« Er meldet sich nicht mit dem Namen, und auch der andere Gesprächsteilnehmer nennt seinen Namen nicht. Er sagt zunächst gar nichts. »Ja?«, wiederholt Lundius.

»Alles erledigt, wie besprochen.« Dann entsteht eine kurze Pause, die Lundius wie eine Ewigkeit vorkommt. Für ihn ist es wie ein Schlag in den Magen. Er hat eigentlich nichts anderes erwartet, aber jetzt wird ihm doch auf einmal flau.

»Okay.« Mehr als ein klägliches Okay bekommt er im Augenblick nicht heraus.

»Ich komm vorbei ... so ganz ist die Sache noch nicht erledigt.« Es klingt wie eine Drohung. Und dann ist die Verbindung unterbrochen.

Lundius ist aufgeregt. Ihm wird ein bisschen schwindelig. Sein Kreislauf spielt verrückt. Mit zittrigen Händen kramt er in der Schreibtischschublade nach dem Tresorschlüssel. Er will gerade den Wandtresor neben dem Plakat »Goodbye Diesel. Hello Electric!« öffnen, in dem Moment fährt ein Auto auf den Hof. Eine schwangere Frau mit einer dicken Fellmütze steigt etwas umständlich aus dem Wagen. Sie ist gleich mit seinem Kfz-Meister im Gespräch. Der Monteur, der kurz aus der Werkstatt herausgekommen ist, gestikuliert.

Lundius wird gleich unruhig. Wer ist die Frau? Was will die hier? Er deponiert den Schlüssel auf seinem Schreibtisch und eilt nach draußen.

»Kann ich Ihnen weiterhelfen?!«, ruft er über den Hof.

Nicole kommt ihm sofort entgegen. »KHK Stappenbek, Mordkommission Husum.« Sie zeigt Lundius ihren Ausweis.

»Was kann ich für Sie tun?« Der Landmaschinenhändler sieht sie erwartungsvoll an. Irgendwie hat Nicole das seltsame Gefühl, dass er vom Besuch der Mordkommission gar nicht so überrascht ist. Das kennt sie anders.

»Im Augenblick bin ich auf der Suche nach einem vermissten Kollegen.«

»Wie kann ich Ihnen da weiterhelfen?« Der Fahrzeughändler versucht ein gequältes Lächeln. Er wirkt fast ein bisschen enttäuscht. »Hier bei uns hab ich ihn nicht versteckt.«

»Von Ihrem Mitarbeiter aus der Werkstatt habe ich aber gerade erfahren, dass ein Mietfahrzeug Ihrer Firma möglicherweise hier in der Gegend unterwegs ist und dass dieses Fahrzeug wahrscheinlich in eine Fahrzeugkontrolle unseres vermissten Kollegen geraten ist.« Nicole hat wenig Lust, sich hier mit langen Befragungen aufzuhalten.

»Und wieso soll das ein Fahrzeug von uns sein?« Lundius wird gleich kiebig.

»Das ist ganz einfach«, gibt die Kommissarin schnippisch zurück. »In dem letzten Funkspruch des Kollegen war von einem weißen Elektrofahrzeug eines asiatischen Herstellers die Rede. Außerdem fehlten die amtlichen Kennzeichen am Auto.«

»Das kann ich mir gar nicht vorstellen.« Lundius tut so, als habe er mit der ganzen Angelegenheit nichts zu tun.

»Ihr Kfz-Meister schon. Er sagt, es handle sich um ein Mietfahrzeug. Wer ist denn der Mieter?«

»Ach so, von dem weißen ›i-flow‹, ja.« Der Firmenchef windet sich. »Weiß gar nich … Der ist gestern Abend noch mal rausgegangen an einen Kunden.«

»Ja, und ich würde jetzt gerne wissen, an wen.« Nicole wird langsam ungnädig.

»Das war so ein später Kunde, der es sehr eilig hatte …«

»Das mag ja alles sein. Ich möchte einfach nur wissen,

wie der Kunde heißt. Sie werden ja Unterlagen haben, einen Mietvertrag oder so.«

»Ich kann es Ihnen nicht sagen, wie gesagt, es war längst nach Feierabend, und der Mann hatte es eilig. Er hat versprochen, den Wagen gleich heute Morgen wieder abzuliefern.«

»Ohne irgendeine Angabe zur Person haben Sie diesem Mann Ihr Mietfahrzeug überlassen?« Die Kommissarin hebt die Augenbrauen. »Aber dass es ein Mann war, das erinnern Sie noch?«

Lundius nickt.

»Können Sie den Mann beschreiben? Wie sah er aus?«

»Weiß nicht so genau. Wie gesagt, es war spät.« Der Landmaschinenhändler windet sich immer mehr. »Normalerweise machen wir das nicht, aber ich hatte hier schon alles dicht … Computer runtergefahren und so.« Er hat mittlerweile einen roten Kopf. »Und dann hat mir der Kunde dreihundert Euro als Pfand dagelassen.«

»Und das soll ich Ihnen glauben?« Nicole sieht Lundius zweifelnd an. Aber sie hat wenig Hoffnung, aus dem Fahrzeughändler irgendetwas herauszubekommen, und sie hat überhaupt keine Lust, hier hochschwanger lange in der Kälte herumzustehen. Für die Suche verloren gegangener Autos fühlt sie sich nicht zuständig. Mit dem jungen Kollegen Ole ist das natürlich etwas anderes. Zu ärgerlich, dass Thies ausgerechnet jetzt unbedingt nach Paris muss. »Wenn das Auto bei Ihnen wieder aufkreuzt, melden Sie sich bitte.« Sie gibt dem Landmaschinenvertreter ihre Karte und geht zu ihrem Wagen.

Ohne der Kommissarin hinterherzusehen, hetzt Lundius in sein Büro zurück. Er nimmt den Schlüssel vom Schreibtisch, öffnet den Tresor und klaubt eilig mehrere säuberlich in Banderolen sortierte Geldbündel mit Hunderteuroscheinen heraus. Einen Teil legt er in den Schrank zurück. Er ist dabei so in Hetze, als würde er einen fremden Tresor ausrauben. Er sieht sich die Scheine nicht näher an, zählt sie nicht noch mal durch, sondern verstaut das herausgenommene Geld sofort in einem der bereitliegenden Stoffbeutel mit dem Aufdruck »Acker unter Strom«.

24

»Antje, wat is mit meinem Schaschlik?« Piet Paulsen wirft einen besorgten Blick Richtung Grill, von dem allzu deutliche Röstaromen in den kleinen Imbiss wehen. »In Hawaii brennt dat!«

»Jaja, ich mach ja schon! Siehst doch, wat hier los is!« Die Imbisswirtin weiß im Augenblick gar nicht, wo ihr der Kopf steht. In der »Hidden Kist« hängt der Dunst. Sämtliche Geräte laufen auf Hochtouren. Die gläserne Eingangstür und die Fenster sind mittlerweile so beschlagen, dass das Schneetreiben draußen kaum mehr zu erkennen ist. Das »Dadadüdadadüdüdüda« des »Explosion« macht Antje jetzt zusätzlich nervös. Die vollschlanke Wirtin hat gerötete Wangen und kommt trotz des späten Wintereinbruchs ins Schwitzen. Wie am Fließband teilt sie die Baguettes mit dem großen Messer. Auf der Arbeitsplatte stehen Schalen mit Zwiebelringen und in feine Scheiben geschnittenen Gewürzgurken, daneben liegen etliche Brothälften, die sie mit ihren Spezialsoßen bestreicht. Das »Putenschaschlik Hawaii« auf dem Grill wird derweil immer dunkler.

»Antje!«, mahnt Paulsen. »Dat is gleich Holzkohle Hawaii!«

»Piet, nu mal sutsche«, will Klaas seinen Imbissfreund beruhigen. »Du siehst doch, wat Antje zu tun hat.«

Die gesamte Belegschaft der »Hidden Kist« ist bei der Notversorgung des liegengebliebenen Nord-Ostsee-Expresses mit eingespannt. Mit der üblichen Imbiss-Gemütlichkeit ist es sehr zu Piets Bedauern im Augenblick vorbei. Vor einer Viertelstunde kam die Meldung von der Toten im Nord-Ostsee-Express und von der dramatischen Versorgungslage in dem abgeschnittenen Zug. Thies hat Kollegin Nicole über Bahnfunk zwar immer noch nicht auf ihrem Handy erreicht, dafür aber die Freiwillige Feuerwehr Fredenbüll und gleich mal hundert Sandwichs aus der »Hidden Kist« geordert.

Brandmeister Thormählen hatte zunächst vehement protestiert. »Wir sind kein Pizzabringdienst, sondern die Feuerwehr!«, hat er Thies angepfiffen.

»Und als solches für Katastrophenschutz zuständig, und dat heißt in diesem Fall Fischbrötchen.« Da hat der Polizeihauptmeister keine zwei Meinungen aufkommen lassen. »Und wieso überhaupt Pizza? Dat hat es in der ›Hidden Kist‹ ja noch nie gegeben!« Das musste Thies dann doch richtigstellen.

Erst wollte sich der Schimmelreiter mit den Lunchpaketen zu dem liegengebliebenen Nord-Ostsee-Express durchtanken. Aber durch die Schneemassen ist der liegengebliebene Zug mit dem tiefergelegten Mustang nicht zu erreichen und zu Fuß schon gar nicht. Aber dann hat Klaas noch mal mit Thormählen von der Feuerwehr telefoniert, und der hat tatsächlich einen Hubschrauber aus

Husum zum Sportplatz in Reusenbüll geordert. Dort will Hauke Schröder die Carepakete an die Rettungsleute im Hubschrauber übergeben.

»Krass!« Telje ist überwältigt.

»Ja, voll!«, stimmt Zwillingsschwester Tadje gleich mit ein. »Vielleicht kann ich ja mitfliegen und die Pakete übergeben. Was meint ihr?«

»Übergeben?« Hauke Schröder dreht sich vom »Explosion« zu den anderen um. »Ich schätz mal, die Fischbrötchen werden irgendwie mit 'nem Seil runtergelassen oder so.«

»Au ja, ich will auch im Hubschrauber mitfliegen!« Finn ist gleich Feuer und Flamme.

»Nee, min Jung, du bleibst schön hier bei Onkel Piet. Sonst kriegt der Ärger mit deiner Mutter, der Hauptkommissarin. Bei den kollabierenden Polarwirbeln ist dat mit dem Hubschrauber nämlich nich ganz ungefährlich. « Paulsen bleibt skeptisch. Alle anderen dagegen sind vollkommen fasziniert von der Vorstellung, einen entscheidenden Beitrag zur Bewältigung der Schneekatastrophe zu leisten und vor allem ihre Fredenbüller Freunde und deren Reisegruppe vor dem Verhungern und Verdursten zu retten.

Insbesondere Antje ist in ihrem Enthusiasmus nicht zu bremsen. Für die Carepakete soll es schon etwas Besonderes sein. Seit sie im letzten Jahr am Strand von Amrum die große norddeutsche Koch-Challenge gewonnen hat, kennt Antjes Kreativität keine Grenzen. Und wenn die Paris-Reisenden jetzt im nordfriesischen Schnee feststecken, dann will sie ihnen wenigstens kulinarisch eine kleine Entschädigung bieten. Auf die Schnelle improvisiert Antje »Heringsburger Parisienne«, »Matjes Montmartre« und »Rollmops Moulin Rouge«. Als spätes Dessert soll es eine Mousse au Chocolat »After Eight« geben. Telje und Tadje sind schnell noch mal durch den Schnee zu Ahlbeck in den Supermarkt hinübergelaufen, um Blockschokolade, sauer eingelegte Gurken und Perlzwiebeln zu besorgen. Auf Französisch inspirierte Rezepturen war der nordfriesische Imbiss nicht vorbereitet.

»Mach doch ganz normale Fischbrötchen.« Paulsen schüttelt den Kopf und pult die reichlich krossen Fleischstückchen vom Spieß.

»Lass uns mal machen.« Telje und Tadje sind bei der Vorbereitung der Lunchpakete für den Nord-Ostsee-Express mit eingestiegen. »Das Fisch-Sandwich mit den eingelegten Zwiebeln, Gurken und der Senf-Mayonnaise is voll lecker«, findet die angehende Touristikmanagerin und stippt den kleinen Finger in den leckeren Dip. Eigentlich wollte Antje für die eingeschlossenen Paris-Touristen auch noch eine französisch-friesische Zwiebelsuppe zaubern. Aber die Idee wurde wegen des schwierigen Transports mit dem Hubschrauber dann doch verworfen. Die kräftige Suppe mit ein paar Mettwurststücken und dem überbackenen Deichkäse hat sie auf die Schnelle trotzdem gemacht. So sitzen Piet Paulsen, Klaas und der Schimmelreiter jetzt vor den dampfenden Tellern und pusten auf die heißen mit Käse verklebten Löffel. Nicole bekommt auch gleich ein Schälchen, als sie von ihren Ermittlungen aus Bongsbüll zurückkommt.

»Köstlich, Antje«, schnieft die durchgefrorene Kommissarin, die schon wieder einen erstaunlichen Appetit hat. »So eine Zwiebelsuppe musst du in Paris erst mal kriegen.«

Piet Paulsen blickt von seinem Teller auf. »Ja, Fredenbüll is dat Montmartre des Nordens.«

25

»Wir 'aben doch eine sehr erfolgreiche Kooperation, Monsieur Detlefsen, *n'est-ce pas*?«

»Naja.« Thies weiß nicht recht, was er sagen soll, und sagt erst mal gar nichts. Jean-Pierre Picon blickt leicht pikiert.

»Sie 'alten nischt viel von der Art und Weise, wie wir unsere Vernehmungen durschführen?« Jean-Pierre Picon neigt den eiförmigen Kopf zur Seite, streicht die schwarz glänzenden Haare glatt und sieht Thies fragend an.

»Na ja, so besonders weit sind wir ja noch nich«, gibt Thies zu bedenken.

»Aber wir 'aben jede Menge Indizien. Wir 'aben eine Fahrkarte nach Paris, ein Bonbonpapier, einen Knopf und die Tatwaffe, eine rote Tuch aus Seide mit chinesischen Drachen.«

»Nich mal da können wir uns ganz sicher sein.« Thies mustert den Belgier skeptisch. »Vielleicht ist die Lehrerin auch mit einem ganz anderen Gegenstand stranguliert worden oder mit bloßen Händen erwürgt. Schon blöd, dat wir die Kriminaltechnik nich hier vor Ort haben.«

»Isch bleib dabei, wir brauchen keine Spüsi.«

»Ich weiß schon, die kleinen grauen Teile hier.« Thies tippt sich mit dem Finger an die Stirn.

»Wir 'aben eine Tatwaffe …«

»Die im Augenblick aber auch schon wieder verschwunden ist«, geht Thies dazwischen. »Den hat sich bestimmt wieder dieser weiße Panther von der Gräfin geschnappt.«

»Und die Tatwaffe ge'ört der Comtesse Ignatowski, das 'aben mehrere der Damen bestätigt.«

»Aber als Täterin kommt sie wohl nicht in Frage. Jemand erwürgen, dat kriegt die Lady nich mehr gebacken.«

»*D'accord*, dafür reischt ihre *constitution* nicht mehr. Aber trotzdem, unsere Verdächtigen sind 'ier im Zug versammelt.« Picon tut so, als stehen sie kurz vor der Lösung des Falles.

»Wir müssen nur noch rauskriegen, wer Agathe erwürgt hat.«

»Oder waren es vielleischt sogar mehrere? Ein Motiv 'aben fast alle.«

»Aber Heike und Bounty können wir ausschließen. Wie gesagt.« Allmählich hat Thies die Nase voll von den Theorien des Französischlehrers.

»Aber der oder die Mörder sitzen hier im Nord-Ostsee-Express bei uns im Waggon, da leg ich misch fest.«

»In Wagen Zwei sitzen auch noch ein paar Leute.« Thies deutet den Gang entlang. »Sind nich viele, aber wir müssen in alle Richtungen ermitteln, also auch in den anderen Waggon rein. Da sitzt noch der Schüler von Agathe, der frierende Typ in der dicken Jacke, der im letzten Moment zugestiegen ist, und die Frau … Irgendwo hab ich die schon mal gesehen.«

»*Commençons, mon cher*, packen wir es an!«

Doch dazu kommt es im Augenblick nicht. Denn in dem Augenblick stürmt Bounty auf seinen Imbissfreund zu.

»Thies, du musst schnell mal kommen, Heike is umgekippt.« Allzu dramatisch klingt das aus dem Mund des Althippies allerdings nicht.

»Um Gottes willen, wat is passiert?« Thies bekommt einen Schreck.

»Deine verehrte Gattin wollte wohl noch ihr Schminkköfferchen aus dem Fahrradabteil holen, und da is ihr gleich die Lateinlehrerin entgegengepurzelt ...«

»Wieso gepurzelt und wat denn für 'n Schminkköfferchen?« Der Hauptmeister ist ganz von den Socken.

»Müller-Siemsen ist schon bei ihr. Sie ist also ärztlich versorgt«, will Bounty ihn beruhigen. Aber Thies stürmt sofort zum Fahrradabteil.

Heike sitzt schwer atmend auf einem Klappsitz. Ihre Gesichtsfarbe ist so weiß wie der Schnee draußen. Eine Haarsträhne ist ihr aus dem Heuwagen ins Gesicht gefallen. Der HNO-Professor fühlt ihr den Puls. Agathe Christiansen ist aus eigentlich sicherer Lage zwischen mehreren Kartons und Rollen mit Schafwolldämmung herausgerutscht und liegt jetzt mitten im Abteil.

»Thiiies, wat sitzt die da hinter meinem Schminkkoffer? Ich hab vielleicht einen Schreck gekriegt, als sie da zwischen den Kartons raus is. Ich dachte, die lebt noch.«

»Ja, Heike, is ja gut, wir kümmern uns um sie.«

»Ich kann Telje und Tadje plötzlich verstehen. Die hatten doch auch immer Muffen, fünfte und sechste Stunde Latein bei Christiansen.«

»Heike, ganz ruhig, die verteilt keine Fünfen mehr.«

Nachdem Thies seine Frau beruhigt hat, widmet er sich gleich wieder der toten Lehrerin. »Bounty, du musst noch mal kurz mit anfassen. Wir müssen sie hier wieder festzurren. Ich weiß auch nich, wie sie sich da losmachen konnte.«

Thies, Bounty und der HNO-Professor verstauen die tote Agathe zwischen den Wolldämmungsrollen und schnallen sie zusätzlich mit einem Gurt fest, der sonst für die Sicherung der Fahrräder vorgesehen ist.

»Ich muss dann mal weitermachen ... mit Befragungen und so, und Heike bräuchte jetzt normalerweise 'n extrastarken ›Coffee to go‹ aus der ›Hidden Kist‹.« Thies zuckt die Achseln. »Ja ... aber dat wird wohl nix.«

»Stattdessen 'n kleines Eierlikörchen«, schlägt Bounty vor.

»Och ja«, haucht Heike.

»Ich wusste gar nich, dass du so auf Eierlikör abfährst.« Thies staunt.

»Du weißt von mir vieles nicht.« Der vorwurfsvolle Unterton ist nicht zu überhören.

Und dann widmen sich der Fredenbüller Dorfpolizist und sein belgischer Assistent endlich wieder ihren Befragungen.

26

»Monsieur, würden Sie uns Ihren Namen verraten.« Jean-Pierre Picon hat schon wieder sein Notizbuch gezückt.

Der Mann in der dicken Jacke sagt zunächst gar nichts. Er legt sein Sudoku-Heft beiseite und reibt fröstelnd die Hände auf den Ärmeln der dicken großkarierten Jacke.

»Wie heißen Sie?«, fragt Thies noch mal nach.

Der Mann sieht kurz zu dem Fredenbüller Polizisten auf, dann starrt er durch das Fenster nach draußen auf den verschneiten Deich. »Blaschek«, brummt er. »Dankert, Dankert Blaschek.« Er sieht zu Thies und dann zu Picon, so als wäre damit alles gesagt.

»Monsieur Blaschek, Sie gehören ja nischt zu meinem Sprachkurs.«

»Französischkurs? Nee.«

»Sie befinden sich auf Reisen?« Picon zwirbelt sein Bärtchen.

Blaschek zuckt ansatzweise die Schultern. In der dicken Jacke ist es eigentlich kaum zu erkennen.

»Geschäftsreise?«, wird Thies konkreter.

»Geschäftsreise.« Es klingt wie ein Echo.

»Darf isch fragen, was Sie geschäftlich machen?« Picon lässt den goldfarbenen Stift zwischen seinen Fingern spielerisch hin und her wedeln.

»Ich würd mal sagen, das ist privat«, protestiert der Mann.

»Privat? Eben war noch von geschäftlich die Rede«, kontert Thies.

»Bin auf der Durchreise, ich hatte ’n Termin hier oben.« Konkreter will Blaschek nicht werden.

»Welcher Art war Ihr Termin? Was machen Sie beruflisch?«, fragt Picon weiter.

»Ja, Verschiedenes …« Dankert hüllt sich erneut in Schweigen. »Hatte hier oben was in Aussicht.«

Mehr will er offenbar über seine berufliche Tätigkeit nicht erzählen. Und angesichts der gestelzten Fragen des Französischlehrers kann Thies das fast sogar verstehen.

Picon lässt sich davon nicht beirren. »Isch ’abe gesehen, Sie ’aben den Zug erst in letzter Minute erreicht, zusammen mit dem Schaffner und dem jungen Mann aus dem Nachbarabteil.«

»Ja, und?«

»*Le dernier moment*, das war knapp.« Picon lächelt süffisant. Der Mann in der Holzfällerjacke wirft ihm einen kurzen fragenden Blick zu, dann stiert er wieder aus dem Fenster.

»Wo waren Sie in der letzten Nacht?«, will Thies die Befragung wieder an sich nehmen.

»Ja, wieso? Hier.« Er zeigt auf den abgeschabten Kunstsamt auf dem Nebensitz.

»Haben Sie irgendwat beobachtet?«

Blaschek schüttelt müde den Kopf.

»Haben Sie geschlafen? Sind Sie wach geworden?«, fragt Thies weiter.

»'aben Sie eine Person auf dem Gang gesehen? Sind Sie nachts auf der *toilette* gewesen?«

»Das Klo ist außer Betrieb.« Er tut so, als hätte er damit ein perfektes Alibi.

»Deshalb waren Sie ja bestimmt mal in Wagen Eins auf dem Klo«, hakt Thies nach.

»Kann sein«, brummt Blaschek.

»Wann war das?«

»Weiß nicht ... gleich nachdem wir losgefahren sind.« Blaschek überlegt. »Ja, wir sind gefahren. War ja nur kurz.«

»Kennen Sie Frau Christiansen?«, schaltet sich Picon wieder ein.

»Wen soll ich kennen?«

»Agathe Christiansen, die ermordete Lateinlehrerin!«, blafft Thies ihn an.

»Agathe ... Christiansen?«, echot der Mann in der Holzfällerjacke.

»Sag ich doch, Agathe Christiansen!«

»Mit Latein hab ich das nich so«, stellt Blaschek klar. »Ich interessier mich mehr für Zahlen.« Er deutet auf das »Sudoku für Champions«.

»Ja, wir wollten jetzt auch keine Vokabeln abfragen, wir wollen wissen, ob du irgendwat gesehen hast, Mann, Mann, Mann.« Thies wird langsam ungeduldig.

Blaschek bleibt bei seinem Kopfschütteln. Irgendwie wirkt er reichlich verstockt. Große Hoffnungen macht sich der Polizist nicht, aus ihm etwas herauszubekommen.

Thies legt gleich nach und zückt eine Plastiktüte mit dem in der Toilette neben der Toten gefundenen Bonbonpapier. »Kommt Ihnen dat Bonbonpapier bekannt vor?«

»Bonbonpapier?« Der Typ in der karierten Jacke macht ein Gesicht, als hätte er noch nie ein Bonbon gesehen.

»Du hast doch eben grade 'n Bonbon gekaut.«

»Weiß nich, kann sein.« Es wirkt, als würden die auf ihn einprasselnden Fragen ihn vollkommen erschlagen.

»'aben Sie eine Person in einer *robe de chambre*, einem roten Morgenrock, gesehen?«, fragt Picon weiter.

Die eingestreuten Französischbrocken erhöhen Blascheks Kooperationsbereitschaft nicht unbedingt.

»Wat is mit dem roten Mantel?«, insistiert Thies noch mal. »Hast du den gesehen oder weißt du, wem der gehören könnte?«

»Roter Morgenmantel? Nee.«

Sind das auf seiner dicken Jacke weiße Katzenhaare? Oder bildet Thies sich das ein?

27

Gerd Lundius ist nervös. Er blickt nach draußen auf den Hof. Dort tut sich nichts. Sein Kfz-Meister scheint in der Werkstatt schwer beschäftigt. Es hat fast aufgehört zu schneien. Aber beruhigend findet Lundius das nicht. Aus dem leiser gestellten Radio sprudeln unaufhörlich die Katastrophenmeldungen und Verkehrsdurchsagen.

Auf seinem Schreibtisch steht der Beutel mit der Aufschrift »Acker unter Strom«. Eigentlich hasst er diesen blöden Spruch, und eigentlich ist der Beutel aus irgendwelchem recycelbaren Stoff ein bisschen zu groß für die paar Geldbündel, die er darin verstaut hat. Aber er hatte gerade nichts Besseres zur Hand. Er hat die Geldscheine inzwischen mehrmals durchgezählt, immer wieder. Die Summe muss stimmen. Mit diesen Typen ist nicht zu spaßen, das hat Lundius im Gefühl. Einer hat sich eben gerade gemeldet, dass er gleich vorbeikommen will.

Lundius dreht sich zum Wandtresor in seinem Büro um. Er öffnet ihn noch mal und nimmt die in ein Tuch eingeschlagene Pistole und eine Schachtel mit Munition aus dem Tresor und legt beides auf den Schreibtisch. Vorsichtig faltet er den grünen Samt auf, in dem die halbautomatische Glock eingeschlagen ist. Er nimmt das Magazin heraus und bestückt es mit vier Patronen. Dann legt er die Pistole auf den grünen Samt zurück. Er zögert noch, sie in die Hand zu nehmen. Aber vielleicht sollte er sich jetzt lieber eine Pistole einstecken. Es ist so ein Impuls. Er sieht nach draußen. Auf dem Hof tut sich nichts. Abwechselnd starrt Lundius nach draußen, dann wieder auf die Zweiundzwanziger-Glock in dem grünen Samt. Wo bleibt der Typ mit dem »flow«? Der Landmaschinenchef wird immer unruhiger.

Inzwischen wehen doch schon wieder ein paar Schneeflocken durch die Luft. Dicke pappige Flocken. Der Moderator im Radio meldet steigende Temperaturen, Schneeregen, erhöhte Glätte und chaotische Straßenverhältnisse. Und dann fährt im Schritttempo mit einer dicken Schneehaube auf dem Dach der »i-flow« auf den Hof. Selbst die Windschutzscheibe ist zugeschneit, ehe die beiden Wischer in Zeitlupe ein Feld frei fegen. Der Fahrer fährt den Wagen an den Rand und parkt ihn neben dem zugeschneiten großen Mähdrescher. Das kleine Elektroauto verschwindet regelrecht neben dem Riesenteil.

Angespannt wartet Lundius darauf, dass der Fahrer aussteigt. Doch im Augenblick bleibt er noch im Auto sitzen. Im selben Moment schrillt der Klingelton seines Handys auf dem unaufgeräumten Schreibtisch durch das Büro. Der Landmaschinenvertreter zuckt zusammen. In dieser Lautstärke hat er den Signalton des Telefons noch nie wahrgenommen. Wer ist das jetzt? Eigentlich ist es ja normal, dass im Büro ab und zu das Telefon klingelt. Aber in diesem Moment erschreckt es ihn. Wer ist das?

Zuerst will er gar nicht abnehmen. Während das Handyklingeln durch das Büro schrillt, öffnet sich die Fahrertür des Autos. Die auf dem Display angezeigte Nummer kennt er nicht. Eigentlich hat er überhaupt keine Zeit für überraschende Telefonate. Aber dann drückt Lundius doch das grüne Feld auf seinem Smartphone.

»Ja?« Er meldet sich nicht mit seinem Namen, wie er das üblicherweise macht.

»Gerd, ich bin es!«

»SoSoSonja!« Mehr bekommt Lundius im ersten Moment nicht heraus. Er hat mit allem gerechnet, aber nicht mit einem Anruf seiner Frau. »Sonja, wo bist du?« Von einem Moment auf den anderen wird ihm schwindelig. Der Geldbeutel und die Pistole auf dem Schreibtisch verschwimmen vor seinen Augen. Er fasst sich mit der Hand an die Schläfe. Draußen auf dem Hof sieht er den Fahrer des »flow« durch den Schnee auf die Werkstatt zugehen. Für ihn sieht es aus, als schwanke der Mann. Lundius dreht sich um. Ihm wird weich in den Knien. Er droht wegzusacken.

Krampfhaft hat er seine linke Hand um das Handy geklammert. »Wo bist du?«, wiederholt er noch mal.

»Gerd, ich sitze im Zug. Wir sind eingeschneit, irgendwo zwischen Bredstedt und Friedrichstadt. Seit letzter Nacht schon! Wir kommen hier so schnell nich weg. Und dann gibt es hier im Zug einen Todesfall! Hörst du kein Radio?«

»Aber das ist nicht deine Nummer, das ist nicht dein Handy.« In seinem Kopf dreht sich alles.

»Wir haben hier kein Netz. Ich hab mir eins ausgeliehen, das funktioniert. Nur um dich kurz anzurufen.«

Lundius versteht das alles nicht. »Wie geht es dir?«, stammelt er. »Ist bei dir alles in Ordnung?«

Das Plakat »Goodbye Diesel. Hello Electric!« beginnt zu flimmern, die Buchstaben von »Hello Electric« tanzen vor seinen Augen, als würden sie oder auch sein Betrachter unter Strom stehen. Als er wieder aus dem Fenster sieht, beobachtet er den aus der Werkstatt kommenden Kfz-Meister. Scheinbar will er den Schlüssel und die Papiere des Autos entgegennehmen. Das ist gar nicht gut, das muss er selbst machen. Er hat mit dem Typen noch etwas zu regeln. Was reden der Mann und sein Mechaniker da miteinander? Und was erzählt ihm seine Frau von Schneeverwehungen und von einer Toten im Nord-Ostsee-Express? Das kann alles gar nicht angehen.

»Ich hab dafür jetzt wirklich keine Zeit«, haspelt er in sein Handy. »Ich hab hier einen Kunden.« Damit drückt er hastig den roten Button und stürmt nach draußen. Aber vorher schnappt er sich noch die Glock Zweiundzwanzig und schiebt sie sich in seine Hosentasche.

»Halt, das erledige ich«, schreit er seinem Kfz-Mechaniker zu, während derselbe Radiosender wie in seinem Büro laut aus der Werkstatt herausschallt. Die beiden Männer, der Monteur und Kappe, drehen sich zu ihm um.

»Da kommt ja der Chef«, ruft der Werkstattleiter ihm entgegen.

Kappe grinst dreckig. Ein Grinsen ist es eigentlich nicht, er zeigt nur seine schlechten schiefen Zähne.

28

Antje mixt in Windeseile immer neue Variationen ihrer Spezialsoßen zusammen. Telje und Tadje toasten Baguettehälften, schnippeln Zwiebeln, Tomaten, Heringsfilets und saure Gürkchen. In der Hektik rollt immer mal eine Gurkenscheibe fröhlich von der Arbeitsplatte. Susi sieht sich das gelangweilt mit an. Als Antje aber die Mousse au Chocolat anrührt, springt die Imbisshündin von ihrem Stammplatz neben dem Glastresen auf und tigert nervös durch den Imbiss.

Der Schimmelreiter ist draußen und fegt den Schnee von seinem Mustang. Er soll die Sandwichpakete, mehrere Bierkästen und die Wasserflaschen gleich zum Sportplatz in Reusenbüll bringen, wo er die Notversorgung für den Nord-Ostsee-Express an die Hubschrauberbesatzung übergeben soll. »De Hidde Kist« soll fürs Erste die Verpflegung des Nord-Ostsee-Expresses übernehmen.

»Meint ihr nicht, dass die Eingeschlossenen bald freikommen?« Nicole hält den Aufwand für etwas übertrieben und löffelt derweil mit größtem Vergnügen den dritten Teller französisch-friesische Zwiebelsuppe.

»Bei der Schneekatastrophe achtundsiebzig-neunundsiebzig waren weite Landesteile mehrere Wochen von der Außenwelt abgeschlossen«, setzt Paulsen zu einem erneuten Ausflug in die Historie an.

»Na ja, Piet, eher wohl mehrere Tage«, relativiert Klaas die Zeiträume.

»Komm, Klaas, da warst du noch gar nich aus der Schule raus«, weist Piet ihn zurecht.

»Deswegen weiß ich dat doch, wir hatten nämlich schulfrei.« Dann konzentriert sich Klaas weiter auf das Einwickeln der Sandwiches, was ihm leicht von der Hand geht. Mit Paketen kennt sich der Postbote schließlich aus.

Nicole hat sich bei der Diskussion ausgeklinkt und ist voll und ganz mit ihrer Suppe beschäftigt. »Köstlich, Antje. Gerade bei diesem Wetter. Solltest du standardmäßig auf die Karte nehmen.«

In dem Moment entern Oma Ahlbeck und Kurschatten Kurt schon wieder den Imbiss.

»Nicole, wat is mit den Ermittlungen?« Die Mutter des Bürgermeisters wirkt aufgeregt. »Du sitzt hier und löffelst, wat is dat überhaupt?«

»Friesisch-französische Zwiebelsuppe«, klärt Klaas sie sofort auf.

»Hertha, die Hauptkommissarin ist schwanger«, will Kurt seine Bekannte beruhigen.

»Ja, sag ich doch, deshalb müssen *wir* ermitteln.« Oma Ahlbeck fühlt sich in ihrer Mission bestärkt. »Wir haben die Tat schließlich beobachtet und gemeldet.«

»Frau Ahlbeck, ich bin ja mitten dabei. Lassen Sie uns mal unsere Arbeit machen«, weist Nicole sie freundlich, aber bestimmt zurecht. »Wir haben nämlich außerdem noch einen vermissten jungen Kollegen und ein verloren gegangenes E-Auto, das wie vom Erdboden verschluckt ist.«

»Ein Elektroauto? Tatsächlich?« Kurschatten Kurt wirkt selbst auf einmal wie elektrisiert. Für das Thema interessiert er sich noch mehr als für den Kriminalfall. »Ich staune, dass es hier in Nordfriesland schon Elektrofahrzeuge gibt.«

»Kurt, wir leben hier zwar hinterm Deich, aber nich hinterm Mond«, entrüstet sich seine Bekannte.

»Wir haben hier 'n paar Orte weiter sogar eine Vertretung für Elektrofahrzeuge«, klärt Klaas ihn auf.

»Ja, Schmale«, schaltet sich Piet Paulsen ein. »Eigentlich Spezialist für Landmaschinen. Ich war da ja früher Vertreter. Jetzt machen die einen auf Elektro und haben wohl auch normale Autos ... das heißt, nicht normal, sondern Elektro.«

Inzwischen stapft auch der Schimmelreiter Hauke Schröder, alles andere als ein Vertreter der Elektromobilität, vom Schneeschippen zurück in den Imbiss und staunt über die Menge an Getränkevorräten und Imbisspaketen. »Könnt ihr mir mal verraten, wie ich dat alles in den Mustang reinkriegen soll?« Er sieht Antje, Klaas und die Zwillinge fragend an. »Soll ich da jetzt die Boxen rausnehmen, oder wat?« Ganz ernst meint er das natürlich nicht, das wissen alle. Der Ausbau der beiden Tausend-Watt-Boxen, die er statt der Rückbank ins Heck seines Mustang King Cobra montiert hat, kommt für

Hauke nun wirklich nicht in Frage. Während er mühselig schon mal die ersten Bierkästen durch den Schnee schleppt und in seinem tiefergelegten Wagen verstaut, klingelt zur Abwechslung mal wieder das Handy der Kommissarin.

»Landmaschinenvertretung Schmale, ich weiß, ja, ich war eben bei Ihnen und hab mit Herrn Lundius gesprochen ...«, unterbricht Nicole den Anrufer gleich. »Nicht mehr da? Vielleicht ist er mal kurz weggefahren?« Die aufgeregte Stimme am anderen Ende, die auch ohne Lautsprecher zu hören ist, macht längere Erklärungen. »Ihr Chef ist verschwunden? Bleiben Sie vor Ort, ich komm noch mal vorbei.«

Die anderen sehen Nicole fragend an. »Der Chef der Landmaschinenvertretung Schmale ist verschollen.«

»Dat is nich der Chef«, berichtigt Paulsen sie. »Chef war der alte Schmale, und seitdem der nicht mehr lebt, is jetzt seine Tochter die Chefin.«

»Egal, wie auch immer, auf jeden Fall ist er weg.« Die Kommissarin leckt sich ein Stück Zwiebel aus dem Mundwinkel. »Erst der junge Kollege und jetzt der Landmaschinenfritze, wieso verschwinden hier auf einmal die Leute im Schnee? Kann doch nicht sein.«

29

Thies Detlefsen und Monsieur Picon sind inzwischen auf der intensiven Suche nach dem roten Morgenmantel. Sie lassen sich von den Mitreisenden die Gepäckstücke zeigen, was bei den meisten nicht gerade auf Begeisterung stößt. Thies ist das Ganze etwas unangenehm. Die übliche Entschlossenheit lässt er noch vermissen. Im Augenblick stehen die beiden auf dem Gang am offenen Fenster und sehen nach dem Wetter.

»Monsieur Detlefsen, Sie machen ein betrübtes Gesicht.« Jean-Pierre Picon streichelt sein Bärtchen. »Sind Sie unzufrieden mit dem Fortgang unserer Ermittlungen?«

»Tja …« Thies weiß gar nicht so recht, was er sagen soll.

»Lassen Sie uns die bisherigen Befragungen Revue passieren.« Picon streckt die Brust heraus. »Was 'aben Sie für einen Eindruck von unseren Mitreisenden?«

»Na ja, die meisten kenn ich ja, dat sind Fredenbüller.« Er überlegt. »Selbst Müller-Siemsen. Die kommen zwar aus Hamburg, sind aber auch schon halbe Fredenbüller.«

»Damit 'aben sie aber noch kein Alibi«, wendet der Französischlehrer ein.

»Für die meisten Fredenbüller leg ich meine Hand ins Feuer.« Der Dorfpolizist überlegt. »Obwohl … stimmt natürlich, wir haben in Fredenbüll auch schon reichlich Mordfälle gehabt.«

»Fast alle Befragten 'aben ein Motiv«, resümiert Picon. »Müller-Siemsen mit einem ärztlichen Kunstfehler, möglicherweise. Monsieur von Rissen, er ist *noble,* aber o, là, là, die von Rissens 'aben offenbar eine offene Rechnung mit Madame Christiansen gehabt.«

»Und von Rissen hat schon mal einen umgebracht. Is 'n büschen her. Aber er hat 'n paar Jahre gesessen.«

»C'est possible?!« Picon spitzt den Mund und lässt das Menjou-Bärtchen tanzen. »Kaum zu glauben! Und was 'alten Sie von dem schweigsamen 'erren in der dicken Jacke? Ein sehr kühler Charakter …«

»Dat is hier eigentlich normal«, stellt Thies fest.

»Kein ganz angenehmer Zeitgenosse«, findet Picon. »Isch könnte mir vorstellen, dass er zu allem fähig ist.«

»Dafür haben wir jetzt aber keinerlei Indizien.« Allmählich geht Thies der Französischlehrer mit seinen gestelzten Ausführungen auf den Geist.

Der belgische Hobbydetektiv wiegt den Kopf. »Monsieur Detlefsen, so sehen Sie es als Polizist, aber isch 'abe die menschliche Natur im Blick. Mein Augenmerk ist auf die psychologischen Aspekte des Falles gerichtet.«

Bei dem Wort Psychologie klingelt es bei Thies sofort. Schließlich hat er vor ein paar Jahren das Seminar »Täterprofile« besucht und das Zusammenspiel von Intuition und Erfahrung ist ihm auch vertraut.

»Es geht um das Verständnis für die mentalen Vorgänge im Kopf des Mörders«, doziert Picon mit wichtiger Miene.

»In den Täter reingucken und reinfühlen, ich weiß.« Thies winkt ab. »Aber zuerst sollten wir mal in die Koffer reingucken. Irgendwo muss dat rote Teil ja sein.«

»Und dann suchen wir auch noch die *billets* nach Paris, beziehungsweise nach der Person, der das *billet* abhandengekommen ist.«

Der Französischlehrer deutet in das Abteil von Bounty und Giselle. So recht mag Thies nicht zur Tat schreiten. Picon schiebt die Abteiltür zur Seite und drängt Thies in das Abteil.

»Ja, Bounty … ich müsste mal … Also wir …« Der Fredenbüller Polizeihauptmeister druckst herum.

»Was denn los, Thies?« Sein Imbisskumpel aus der »Hidden Kist« wundert sich, und auch die schöne Giselle sieht ihn erstaunt und gleichzeitig amüsiert an.

»Wir müssten mal einen kurzen Blick in Ihre *bagage* werfen«, schaltet sich Jean-Pierre Picon ein.

»Bagage?« Giselle funkelt den Französischlehrer aus ihren grünen Augen an.

»Ich bin clean, Thies … Das heißt, mein Gepäck is clean, echt jetzt.« Dabei wirkt der Althippie doch ein bisschen nervös. »Ich nehm doch nichts mit über die Grenze, die Zeiten sind echt vorbei.« Er blickt kurz zu dem alten auf der Gepäckablage liegenden Koffer mit den vergilbten Aufklebern aus aller Herren Länder.

Jetzt blickt Picon etwas irritiert.

»Nee, dat geht nich um deine Kräuter, wir suchen diesen roten Morgenrock, den alle gesehen haben.«

»Einen roten *robe de chambre*, möglicherweise mit einem chinesischen Drachen auf dem Rücken.«

»Nichts gegen abgefahrene Klamotten, aber damit können wir, fürchte ich, nicht dienen.« Bountys Bereitschaft, seinen abgeschabten Koffer zu öffnen, hält sich in Grenzen.

»Lass doch, Thies macht doch auch nur seinen Job.« Giselle zeigt Verständnis und will ihren voluminösen Trolley aus dem Gepäckbord hieven. Thies kommt ihr gleich zu Hilfe. Bountys Freundin zieht den Reißverschluss auf. Gleich obenauf liegen Giselles schwarze Dessous, Spitzenhöschen und Büstenhalter. Picon wirft kaum verhohlen einen süffisanten Blick auf die Unterwäsche und macht Anstalten, das Gepäckstück zu durchsuchen.

Thies ist das ziemlich peinlich. Und Bounty protestiert. »Sagt mal, das geht jetzt aber 'n bisschen weit.«

»Pardon, Monsieur … ähh … Bounty.« Picon hält einen kleinen Stapel akkurat zusammengelegter Damenhöschen in seiner Linken. Den kleinen Finger mit dem Siegelring hat er gespreizt, was die Pikanterie der Situation noch mal unterstreicht. »Reine Routine, Monsieur. Und dass wir Ihr Gepäck überprüfen, müsste auch in Ihrem Interesse sein, *n'est-ce pas*?«

»Dass Sie hier in der Reizwäsche meiner Freundin rumfummeln, ist ganz und gar nicht in unserem Interesse.« Bounty wird für seine Verhältnisse ungewöhnlich deutlich, und Thies kann ihn irgendwie verstehen. Er ist heilfroh, nachdem Giselle und Bounty selbst die Inhalte ihrer Gepäckstücke präsentiert haben und er zusammen mit Picon das Abteil wieder verlässt.

Auch Onno von Rissen reagiert wenig begeistert auf die Durchsuchung. »Was soll das denn werden, lieber Detlefsen?«, blökt er. »Allmählich habe ich den Eindruck, ich bin hier Ihr Hauptverdächtiger. Und wenn Sie in meinem Koffer jetzt eine alte Lateinklausur mit einer Fünf entdecken, dann werde ich verhaftet, oder wie?«

30

Als Nicole mit ihrem Zivil-Mondeo auf den Hof der Landmaschinenvertretung Schmale fährt, sieht sie den Kfz-Meister schon draußen im Hof stehen. Aus der Werkstatt wummert eine Bassdrum aus dem Radio, die aber sofort von einer Verkehrsmeldung unterbrochen wird.

»Frau Kommissarin!« Der Mann ist in seinem blauen Overall mit dem Logo von Schmale viel zu dünn angezogen. Aber er scheint nicht zu frieren. Er kommt mit hochrotem Kopf sofort auf sie zu. Nicole hat sich mit ihrem schwangeren Bauch noch gar nicht ganz aus dem Auto herausgeschält.

»Sie haben mich eben angerufen?«

»Ja, der Chef is weg.« Irgendwie wirkt der Monteur reichlich durcheinander.

»Vielleicht kommt er ja gleich wieder.«

»Nee, der is weg, ganz komisch.«

»Es geht um Herrn Lundius, mit dem ich eben vor einer Stunde gesprochen hab, oder?«, vergewissert sich Nicole noch mal.

»Ja, sag ich doch.« Der Typ klingt auf einmal ungnädig.

»Ist das der Chef?« Nicole hat von Piet Paulsen schließlich eine andere Information.

»Ja, nee, der alte Chef lebt ja nich mehr … und Lundius hat ja zwei linke Hände.« Er winkt ab. »Ich mein, er ist ja tatsächlich Linkshänder. Werkstatt bin ich zuständig. Und eigentlich ist *sie* jetzt der Chef.«

»*Sie* ist die Tochter des alten Schmale und die Frau von Herrn Lundius, sehe ich das richtig?«, fragt die Kommissarin sicherheitshalber nach.

Der Mechaniker nickt. »Aber sie ist auch nich da.«

»Wie kommen Sie denn darauf, dass Herr Lundius verschwunden ist oder ihm möglicherweise etwas passiert sein könnte?« Nicole kann die Dramatik der Situation nicht ganz nachvollziehen.

»Na ja, sein Wagen steht da.«

»Das spricht doch eher dafür, dass er sich noch hier irgendwo auf dem Gelände oder in seinem Büro aufhält.«

»Nee, ich hab ihn ja vom Hof fahren sehen«, entgegnet der Mechaniker. Nicole kann nicht ganz folgen. »Nicht in seinem Wagen. Der steht dahinten, der Allrad-Pajero.« Er zeigt über den Hof zu dem Geländewagen neben der Kornsämaschine. »Er saß in dem kleinen ›flow‹ auf dem Beifahrersitz.«

Die Kommissarin sieht ihn weiter fragend an.

»Elektroauto. Dat is ’n Mietfahrzeug. Ich versteh das nich. Dabei hätte der Wagen dringend erst mal an die Ladestation gemusst. Der muss komplett leer gewesen sein. Damit können die nicht mehr weit gekommen sein. Besonders bei diesem Wetter.«

»Wäre bei dem Schnee sinnvoller gewesen, den da zu nehmen.« Jetzt deutet Nicole zu dem Pajero.

»Genau.« Der Mechaniker nickt. »E-Auto kannst du vergessen bei diesem Wetter.« Und dann wird er gleich wieder nachdenklich. »Da stimmt wat nich. Ich hab da 'n komisches Gefühl.«

Die Kommissarin betrachtet ihn skeptisch. Hier im Schneetreiben über den Sinn und Unsinn von Elektrofahrzeugen zu debattieren, hat sie in ihrem Zustand wenig Lust. Am liebsten würde sie gleich wieder in ihr warmes Auto steigen, sich Finn schnappen und in ihr schönes neues Zuhause fahren. Aber dann bemerkt sie den erwartungsvollen Blick des Mechanikers.

»Sie sagen, Ihr Chef saß nicht alleine im Wagen?«

»Nee, wie gesagt, der saß auf dem Beifahrersitz, das hab ich gerad eben noch von hinten gesehen.«

»Haben Sie gesehen, wer gefahren ist?« Allmählich kommt auch Nicole die Sache seltsam vor. Es klingt ganz so, als handle es sich um das gesuchte Fahrzeug, das der junge Ole Matthiesen letzte Nacht auf der Straße am Deich kontrollieren wollte.

»Wer gefahren ist, hab ich jetzt nich direkt gesehen. Aber ich vermute mal, dat war der, der den Wagen gemietet hatte. Dat war ja 'n Mietfahrzeug. Ich hab vorhin kurz mit ihm gesprochen, als er hier mit dem Wagen auf den Hof kam. Aber dann kam Gerri, also Herr Lundius, auch schon aus seinem Büro rausgetigert, und ich bin dann zurück in die Werkstatt.«

»Wie sah der Mann denn aus?«, fragt Nicole weiter.

Der Meister überlegt. »Normal. Zu dünn angezogen für dat Wetter. Nur so 'n Anzug.«

»Können wir nicht vielleicht reingehen?« Trotz Parka und Fellmütze wird Nicole allmählich kalt. »Ich würde mir sowieso gern mal das Büro von Herrn Lundius ansehen. Vielleicht finden wir da ja einen Hinweis, wo er abgeblieben ist.« So recht weiß sie allerdings nicht, wonach sie dort suchen soll, aber sie will aus dem Schneetreiben heraus.

Der Mechaniker zögert zunächst. »Ich weiß nich … Ich mein, der Chef is ja nich da …«

»Na ja, deshalb haben Sie mich schließlich angerufen.«

»Ach so, ja … ja, dann gehen wir mal rein.«

Auch in den Büroräumen läuft das Radio mit den Verkehrsmeldungen, hier allerdings in gedämpfter Zimmerlautstärke. Auf dem Schreibtisch herrscht ein echtes Chaos. Ein Wust von unterschiedlichen Schriftstücken, Briefen, Rechnungen und Prospekten liegt unsortiert kreuz und quer auf dem Tisch, das zerrissene Papier eines Müsliriegels, ein halb ausgetrunkener Kaffeebecher und daneben ein Smartphone. Hier hat jemand überstürzt seinen Platz verlassen.

»Sieht das hier immer so aus?«, fragt Nicole.

Der Werkstattmeister ist überfragt. »Weiß auch nich … Ich glaub nich. Aber vielleicht auch, weil die Chefin gerade nich da is.«

»Und die Chefin, also Frau Lundius, …?«

»Lundius-Schmale«, korrigiert er sie.

»… hat hier das Sagen?«

»Ja, sie setzt ja auf Elektro.« Der Mechaniker wiegt

den Kopf. »Ich halt dat ja für verfrüht und Lundius auch.«

»Das heißt, zwischen den beiden gibt es Spannungen?«, vermutet Nicole.

»Wegen Elektro knallt dat zwischen den beiden immer wieder, und die Chemie stimmt auch nicht. Aber ich will ja nichts gesagt haben.«

»Sie sagten, Frau Lundius-Schmale ist ebenfalls unterwegs?«

»Ja, die is wieder nach Elmshorn runter.« Da muss der Monteur nicht lange überlegen.

»Nach Elmshorn?«

»Ja, sie hat da 'ne kranke Tante, die besucht sie regelmäßig.«

»Ist Frau Lundius-Schmale mit dem eigenen Wagen unterwegs?«

»Nee, die fährt immer mit dem Zug, Nord-Ostsee-Express. Is ja auch praktisch Elektro.«

»Mit dem Nord-Ostsee-Express?«, fragt Nicole nach. »Der steckt doch gerade im Schnee fest. Wann ist sie denn gefahren?«

»Weiß auch nich. Ich glaub, gestern Abend schon. Da war ich nicht mehr hier.«

Die Kommissarin sieht sich weiter um, und dann fällt ihr Blick noch mal auf das Handy.

»Ist dies das Telefon von Herrn Lundius?«

»Ja, dat is sein Handy.« Der Mechaniker stutzt. »Das lässt Gerri hier nich einfach liegen, da stimmt doch wat nich.«

Nicole nimmt das Handy und legt es gleich wieder auf den Tisch zurück. Ohne Passwort bekommt sie auch keine weiteren Hinweise. »Fällt Ihnen hier sonst irgendetwas auf?«

Der Monteur lässt seinen Blick noch mal durch den Raum schweifen und verneint.

»Wenn Ihr Chef wieder auftauchen sollte oder sich meldet, sagen Sie mir bitte Bescheid.« Damit verabschiedet sie sich.

Auf dem Weg zu ihrem Zivil-Mondeo fällt ihr neben einem eingeschneiten Böschungsmulcher plötzlich eine größere undefinierbare Spur im Schnee auf. Das sind keine Reifenspuren oder regelmäßigen Fußabdrücke von Schritten. Es sind viele Fußabdrücke, als hätte hier eine ganze Gruppe im Schnee gestanden oder jemand wäre vielmehr hin und her gelaufen. Und dann meint sie in dem zertrampelten und schon wieder leicht überpulverten Schnee rote Flecken zu entdecken. Von einem Moment zum anderen ist sie wie elektrisiert. Mit Mühe geht die hochschwangere Kommissarin in die Hocke und streicht den Neuschnee über der roten Verfärbung zur Seite. Ist das Blut? Was ist hier passiert? Das muss sich unbedingt die Kriminaltechnik ansehen. Und zwar möglichst bald, ehe die Spuren zugeschneit oder dann auch weggetaut sind. Der Mechaniker, der gerade in seine Halle zurückwill, ist gleich wieder zur Stelle.

»Ist Ihnen gar nichts aufgefallen?« Nicole klingt fast vorwurfsvoll. »Haben Sie nichts beobachtet oder gehört?«

»Wie gesagt, ich hab den ›flow‹ wegfahren sehen.«

»Und vorher?«

»Nee, ich war in der Halle unter der Hebebühne. Da lief noch der Probelauf von ’ner Kornsämaschine und dat Radio war an.« Aus der Werkstatt wummert noch unermüdlich der Bass in den verschneiten Hof hinaus. Er sieht die Kommissarin verunsichert an und überlegt. »Aber wo Sie dat jetzt sagen, da war ’n Geräusch, das da nich unbedingt hingehört ... Ja, was war dat?« Er überlegt. »So ’n dumpfes Dumm-dumm. Weiß auch nicht ...«

»Dumm-dumm?«

»Ja? Oder Donk-Donk. War so ’n Knallen dabei.«

»Haben Sie eine Waffe gesehen? Bei dem Kunden in dem dünnen Anzug?«

»Waffe? Nee.«

»Oder hat Ihr Chef Lundius eine Waffe?«

»Ja, sicher. in seinem Büro hat er ’ne Pistole.« Es klingt so, als sei es die selbstverständlichste Sache der Welt. »Dat is ’ne kleine Glock. Für alle Fälle, sagt er immer. Kaliber? Weiß nich, ich glaub, zweiundzwanzig.«

»Wissen Sie, wo genau er die Waffe aufbewahrt?«

»Die liegt normalerweise im Tresor direkt in seinem Büro.«

»Können wir da mal nachsehen?« Nicole dreht noch mal um.

»Da kommen wir nich ran, der Tresor ist immer abgeschlossen.« Der Mechaniker winkt ab.

»Wollen wir trotzdem mal gucken!« Mittlerweile ist sie auch überzeugt, dass hier etwas nicht stimmt. Auf dem

Weg durch das Büro nimmt die Kommissarin jetzt das Handy an sich. »Das sollte sich unsere Spusi vielleicht auch mal ansehen. Vielleicht gibt es Anrufe, die uns weiterbringen.«

Und dann stehen sie vor dem kleinen Wandtresor. Mit einem Blick ist zu erkennen, dass er nicht verschlossen ist. Die Metalltür steht einen Spalt weit offen. Der Tresor ist leer, kein Geld und keine Waffe. Nichts.

Der Kfz-Meister macht ein nachdenkliches Gesicht. »Scheinbar is er mit der Pistole los.«

31

Eigentlich sind Thies und Jean-Pierre Picon gerade dabei, sich die Gepäckstücke der Mitreisenden und ihre Fahrkarten zeigen zu lassen. Auf der Toilette neben der Toten hatte eine Fahrkarte nach Paris gelegen.

»Wer seine Paris-Fahrkarte nicht vorweisen kann, das ist unser Mörder«, behauptet Picon. »Zumindest ein Hauptverdächtiger.«

Thies ist davon nicht so überzeugt. »Die Passagiere im zweiten Waggon wollen nach Altona oder Elmshorn. Wat sollen die mit 'ner Paris-Fahrkarte?« Die Sucherei nach dem roten Morgenmantel und den Tickets ist ihm peinlich.

»Mensch, Thies, hast jetzt auch die Fahrkartenkontrolle übernommen?«, zieht Bounty, der inzwischen wieder bester Laune ist, seinen Imbisskumpan auf.

Thies will jetzt endlich die noch fehlenden Befragungen der Passagiere in Waggon Zwei nachholen. Mit dem ehemaligen Schüler von Agathe Christiansen und der allein reisenden Dame haben sie noch gar nicht gesprochen. Frau Lundius-Schmale sitzt bereits im Vernehmungsabteil. Jean-Pierre Picon nimmt die Personalien und erste Stichworte in sein Notizbuch auf. Dann wird die Befragung abrupt unterbrochen.

Der Lokführer hat es eben schon gemeldet bekommen. Der Hubschrauber mit dem Proviant aus der »Hidden Kist« ist im Anflug. Und schon dröhnt das dumpfe Knattern der Rotorblätter über dem Nord-Ostsee-Express. Alle Passagiere stürzen sofort an die Fenster und sehen nach oben. Der Helikopter schwebt mit ohrenbetäubendem Lärm über ihnen. Rund um den Zug wird der Schnee aufgewirbelt. Und dann wird an einem Seil auch schon das erste Proviantpaket heruntergelassen.

»Dat is Antjes Essen aus ›De Hidde Kist‹«, klärt Heike die Mitreisenden auf.

»Is ja geil, ich glaub es nicht.« Mehr bringt Bounty im Augenblick nicht heraus.

Schaffner Dennis Wiese öffnet die Tür und steigt aus dem Waggon, um das Paket in Empfang zu nehmen. Thies kommt ihm gleich zu Hilfe und auch HNO-Professor Müller-Siemsen steht bereit. Aber so schwer sind die beiden Päckchen aus dem Sandwich-Hubschrauber dann auch wieder nicht. Nur bei den anschließenden beiden Bierkästen rutscht Thies fast mit vierundzwanzig Flaschen Flensburger den verschneiten Bahndamm hinunter. Perserkater Fjodor sieht aus der offenen Waggontür erwartungsvoll zu.

Die Reisegesellschaft ist spontan in hellster Aufregung. Die Carepakete aus der »Hidden Kist« sind kaum an Bord, schon schlitzt Heike die sorgfältig mit Packband verklebten Kartons auf und fördert die hübsch in Pergamentpapier eingewickelten Köstlichkeiten aus der »Hidden Kist« zutage. »Croque Störtebeker« und »Rollmops Moulin Rouge«, getoastete Sandwiches mit Scheiben vom gegrillten nordfriesischen Bressehuhn und Paprikastreifen und Baguettes mit angeräuchertem Heilbutt, eingelegten Zwiebeln und Gürkchen in Senfmayonnaise. Und der Clou ist natürlich die auf dem Hubschrauberflug gut gekühlte Mousse au Chocolat »After Eight«. Die Imbisspäckchen sind genauestens beschriftet. Alles stürzt sich sofort auf Antjes Neukreationen. Die Reisegesellschaft ist regelrecht ausgehungert und genießt jetzt mehr oder minder still.

»Was hat sich Antje denn da für coole neue Sachen ausgedacht!« Bounty wirkt regelrecht berauscht, als hätte sich die Imbisswirtin im Kräuterbeet des Althippies bedient. »›Matjes Montmartre‹, is ja geil!«

»Einfach super«, befindet die erfahrene Edelgastronomin Giselle.

»Mein Fjodor ist ganz wild auf die eingelegte Beilage aus dem Sandwich«, kräht »Lady Curzon« Ignatowski und zieht mit ihren diamantenbesetzten Spinnenfingern ein Heringsfilet aus dem »Croque Störtebeker«.

»Die Sauce, *très bien*, fast ein bisschen französisch.« Picon schürzt die Lippen.

»Nee, dat is typisch Fredenbüll«, korrigiert ihn Heike selbstbewusst.

»Jo, kann man essen.« Ausnahmsweise ist Thies mit seiner Gattin mal einer Meinung.

»Ja, wir wissen, was wir an unserer Antje haben. Wir bestellen auch immer bei ihr, wenn Huberta ihre kleinen Hauskonzerte und Lesungen veranstaltet.« Onno von

Rissen dreht den Kopf im gestreiften Hemdkragen. »Und der Höhepunkt dieser Veranstaltungen ist Antjes rote Grütze.« Vor etlichen Jahren war das mal Onno von Rissens Henkersmahlzeit gewesen, beziehungsweise sein letztes Dessert, bevor es in die Haftanstalt Hamburg-Fuhlsbüttel ging.

Von Rissen, Müller-Siemsen, Bounty und Giselle genehmigen sich ein Bier zum Imbiss. Das Reiseziel Paris gerät dabei momentan aus dem Blick. Thies ist ohnehin mit all seinen Gedanken bei dem Mordfall. Sein Fischbrötchen liegt unberührt auf einer Imbisspappe neben ihm.

Inzwischen sitzt er wieder im Vernehmungsabteil. Eigentlich hatte er die Hoffnung, dass er die Befragung von Frau Lundius-Schmale zur Abwechslung mal ohne seinen belgischen Assistenten durchführen könne. Aber Monsieur Picon sitzt schon wieder neben ihm und hat sein Notizbüchlein gezückt.

»Madame Lündius-Schmale, 'abe isch das richtisch notiert?«

»Ja, sicher, das hatten wir doch bereits.« Madame Lundius wirkt nicht sonderlich amüsiert.

Jetzt weiß Thies auch, woher er die Frau kennt. »Sie sind die Tochter von Schmale Landmaschinen. Piet Paulsen war ja früher bei Ihnen in der Firma.«

»Ich bin jetzt die Chefin von ›Schmale Electric‹«, gibt sie schnippisch zurück. »Mein Vater lebt ja nicht mehr, wie Sie vielleicht wissen.«

»Sie gehören ja nischt zu meinem Französischkurs.«

Picon zupft an seinem Bärtchen. »Sie fahren also nischt nach Paris?«

»Nee, ich fahr nach Elmshorn. Wollen Sie mich deshalb gleich verhaften?«

»Einen Moment!«, geht Thies dazwischen. »Er kann Sie sowieso nich verhaften. Wenn, dann mach ich dat. Aber im Augenblick haben wir nur 'n paar Fragen.« Er wendet sich kurz Picon zu. »Paris-Fahrkarte können wir in diesem Fall also vergessen.«

»War Ihnen die Tote, Madame Christiansen, bekannt?«, geht Picon gleich wieder dazwischen. »Wenn ja, was hatten Sie für ein Verhältnis zu ihr?«

»Ich habe zu der Dame überhaupt kein Verhältnis. Aber meinen beiden Kindern hat sie das Leben schwer gemacht. Na, damit hat es ja jetzt wohl ein Ende. Sie ist oder war eine richtige Sadistin. Und immer unfreundlich. Als ich gestern auf meinen reservierten Platz wollte, hat sie doch auch gleich einen Riesenaufstand gemacht. Man wünscht ja niemandem etwas Böses, aber …« Frau Lundius-Schmale wird immer unfreundlicher. »Na ja, wir haben auch sonst Probleme mit ihr gehabt. Es ging da um eine Baugenehmigung, bei der die Dame offenbar mitzureden hat. Aber das tut hier nichts zur Sache.«

Der Belgier wirft Thies einen vielsagenden Blick zu, aber der ignoriert ihn demonstrativ. Und dann sehen sich Thies und Picon noch das Gepäck der Firmenchefin an. Etliche Prospekte über Elektromotoren und rote Damenunterwäsche. »Oha!« Thies staunt, mit welchem Gepäck die Damen unterwegs sind. So was kennt er von

Heike gar nicht. Einen roten Morgenmantel finden sie dort aber nicht.

»Was is dat eigentlich für 'n Termin in Elmshorn?«, fragt der Fredenbüller Polizeihauptmeister.

»Beruflich«, gibt Frau Lundius spitz zurück. »Es geht um die Elektrifizierung der Landmaschinen.« Auf Thies' fragenden Blick führt sie weiter aus. »Das ist eine Riesenaufgabe, das geht vom selbstfahrenden Häcksler bis zur automatischen Bohnenpflückmaschine.«

»Bohnenpflückmaschine«, wiederholt Thies mit ungläubigem Blick auf das rote Spitzenmieder in dem offenen Koffer.

32

Kappe drückt sich gleich eine halbe Packung Papiertaschentücher auf eine Gesichtshälfte, während er die Elektrokiste weiter durch die Schneelandschaft manövriert. Auch diese Papiertücher sind augenblicklich von Blut durchweicht. Vor ihm auf der Fußmatte der Fahrerseite liegen bereits ein rot durchtränktes Stofftaschentuch und etliche rot gefärbte Tempos. Auch auf seiner linken Hand klebt das Blut.

»Verdammte Scheiße«, flucht Kappe.

Die Schusswunde in der rechten Wange hört einfach nicht auf zu bluten. Zuerst dachte er, dieses Landmaschinen-Arschloch hätte ihm das halbe Gesicht weggeschossen. Es sieht auch so aus. Aber es ist glücklicherweise nur ein Streifschuss. Zu blöd zum Schießen, dieser Idiot, denkt Kappe. Aber es blutet wie verrückt, immer weiter. Der Landmaschinenvertreter sitzt neben ihm zusammengesunken auf dem Beifahrersitz. In der Schläfe hat er ein unschönes, an den Rändern leicht ausfransendes Loch. Aber er blutet nicht, und er sagt auch nichts mehr. Zwischendurch drohte der Landmaschinen-Heini aus dem Sitz zu kippen. Inzwischen hat Kappe ihn angeschnallt. Neben seinen Füßen steht der Beutel mit der Aufschrift »Acker unter Strom«. Er ist mit ein paar satten Geldbündeln gefüllt. Einen Teil muss er wie vereinbart mit Denny teilen. Aber in dem Safe lag noch eine hübsche Zugabe, und die will er für sich behalten und erst mal an einem sicheren Ort verstecken oder vergraben, hat er sich gerade überlegt. Kleines Schmerzensgeld für seine Schusswunde.

Auf dem Armaturenbrett leuchtet schon wieder die Tanksäule mit dem Elektrokabel und dem Hasen auf.

»Scheißkarnickel«, grunzt Kappe.

Nachdem er die Batterie des Elektroautos vorhin an der Baustelle auf die Schnelle ein bisschen aufgeladen hatte, konnte er wieder ein Stück fahren. Aber jetzt droht ihm schon wieder der Saft auszugehen. Kappe dreht sich zum Beifahrersitz. Lundius hängt wie ein nasser Sack in dem Gurt. Seine blauen Augen starren leblos auf die verschneite Straße. Eine Haarsträhne ist ihm ins Gesicht gefallen. Normalerweise hätte er den Landmaschinenfritzen im Kofferraum verstaut. Aber der Kofferraum ist bereits belegt. Für diese Tour hätte er einen geräumigen SUV gebraucht oder einen Kombi und nicht diesen beknackten Elektrofloh.

»In die Kiste geht nix rein, und außerdem bleibt sie ständig liegen«, schreit Kappe gegen die Windschutzscheibe und haut zur Bekräftigung mit der flachen Hand aufs Lenkrad.

Wie konnte das alles passieren? Der ganze Auftrag ist vollkommen aus dem Ruder gelaufen. Denny und er hatten ihren Teil erledigt, Denny hatte Vollzug gemeldet. Und dann wollte dieser Idiot nicht zahlen. Stattdessen stand er plötzlich mit gezogener Pistole vor ihm. Er fuchtelte wie wild mit seiner Glock herum. Der Landmaschinenfritze war völlig in Panik, unberechenbar. Was hatte der vor? Kappe war gar nichts anderes übriggeblieben, als ebenfalls eine Waffe zu ziehen. Praktischerweise hatte er Dennys Pistole dabei. Doch bevor er die aus seiner Jacke gefummelt hatte, traf ihn schon ein Schuss in die Wange. Er wusste überhaupt nicht, wie ihm geschah. Ihm schoss sofort das Blut über das Gesicht und seine Jacke. Im ersten Moment dachte er, das war's jetzt. Dabei hatte er zuerst gar keine Schmerzen. Er hatte vor allem einen Scheißschreck bekommen. Dann hatte er auch sofort geschossen, und sein Schuss war ein Volltreffer, ein sauberes kleines Loch an der Schläfe des Elektroidioten.

Das war Notwehr. Was sollte er tun? Ihm blieb gar keine andere Wahl. Und er hatte saubere Arbeit geleistet und nicht so eine Sauerei, wie sie dieser Knallkopf bei ihm angerichtet hatte, dieses Blutbad in seinem Gesicht. Und den Beutel mit der Kohle musste er sich auch noch selbst aus dem Büro dieses Idioten holen. Dafür gab es eine schöne Zugabe. In dem offenen Tresor hatte er noch ein paar weitere nette Geldbündel gefunden. Kappe tupft sich mit einem neuen Tempo das Blut von der Wange.

Das Auto schaltet schon wieder in den Eco-Modus, der Hase blinkt jetzt.

»Scheißkarnickel«, flucht Kappe. Langsam muss er sich mal entscheiden, wie es weitergehen soll. Ihm bleibt fast gar nichts anderes übrig, als den Wagen hier irgendwo stehen zu lassen, zusammen mit den beiden Mitfahrern, die sich nicht mehr äußern können. Ihm bleibt gar nichts anderes übrig, als sich zu Fuß mit dem Geldbeutel durch die Landschaft zu schlagen. Soll er die Scheißelektrokiste einfach am Straßenrand stehen lassen oder besser doch so abstellen, dass sie nicht gleich gefunden wird? Und die zusätzlich abgestaubte Kohle muss er schnellstens irgendwo verstecken oder vergraben. Davon muss Denny wirklich nichts erfahren. Wo steckt der Idiot überhaupt? Aber eigentlich kann ihm das egal sein. Er hat schließlich das Geld.

Kappe wirft einen Blick auf den »Acker unter Strom«-Beutel. Soll Denny sich doch darum kümmern, ihn zu erreichen. Will Denny ihn womöglich reinlegen? Ihn und vor allem seinen Auftraggeber? Lundius hat so was behauptet. Oder wollte Lundius einfach nicht bezahlen? Dann hätte er ja seine gerechte Strafe bekommen. Kappe blickt nicht ganz durch.

Er biegt von der Straße am Deich in einen kleinen Weg ab. Hier liegt der Schnee noch höher. Die Räder des Elektroautos drehen ein paarmal durch und rutschen in dem groben Profil einer zu großen Treckerfahrspur hin und her. An einer Baumgruppe parkt er das Auto hinter einem Holzschuppen. Irgendwann wird der »i-flow« hier sicher gefunden. Aber nicht gleich. Er dreht sich erneut zu seinem verstummten Beifahrer um. Kappe überlegt kurz, ob er ihn vielleicht doch begraben solle. Aber in dem vielen Schnee und dem angefrorenen Boden ist das kaum möglich. Und dann hat er eine viel bessere Idee.

Er steigt aus. Es hat aufgehört zu schneien. An einer

Stelle des Himmels über dem Deich sieht es aus, als wolle die Sonne durchbrechen. Kappe geht um den Wagen herum und öffnet die Beifahrertür. Er muss sich über den toten Lundius beugen, um den Sicherheitsgurt zu lösen. Er greift unter seine Arme und will ihn aus dem Auto herausziehen. Aber der Landmaschinenvertreter zeigt sich störrisch. Die Leichenstarre hat zwar noch nicht eingesetzt, trotzdem will er irgendwie nicht aus dem Kleinwagen herauskommen. Schließlich hat Kappe ihn doch aus dem »i-flow« gezerrt.

Um keine verdächtigen Spuren im Schnee zu hinterlassen, trägt er ihn auf seinen Armen um das halbe Auto herum zur geöffneten Fahrertür und deponiert ihn auf dem Fahrersitz. Kappe gerät dabei richtiggehend aus der Puste, und seine Wunde im Gesicht, die sich eben gerade beruhigt hatte, fängt wieder an zu bluten. Er hält sich ein neues Papiertaschentuch auf seine Wange. Dann fischt er die Pistole aus seiner Jackentasche, mit einem weiteren Taschentuch wischt er den Griff ab und drückt sie Lundius in seine rechte Hand. Er zwängt den Zeigefinger zwischen Abzugsbügel und Abzug und gibt aus der offenen Tür einen Schuss in die Landschaft ab. Kappe ist richtig stolz auf sich, dass er an die Schmauchspuren denkt. Dann dreht er die Hand mit der Waffe, dass der Lauf auf Lundius' Kopf zeigt. Es ist nicht seine Waffe und auch nicht die Waffe von diesem Landmaschinen-Idioten. Es ist Dennys Wumme, in dessen Magazin jetzt ein zweites und ein drittes Projektil fehlen. Es war gar nicht so verkehrt, dass er sie im Wagen liegengelassen hat, denkt Kappe.

Den Kofferraum des »i-flow« öffnet er gar nicht mehr. Den Anblick kann er sich ersparen. Er sammelt die blutdurchtränkten Papiertaschentücher zusammen, nimmt sich den unter dem Beifahrersitz klemmenden Verbandskasten und den langstieligen Eiskratzer, dann schnappt er sich den Beutel mit dem Geld und die Pistole des toten Landmaschinen-Heinis, mit der dieser ihm die blutige Backe verpasst hat, und stapft zu Fuß am Deich entlang durch den Schnee.

33

Huberta von Rissen hat den Tipp gegeben. »So genau kenne ich mich mit der Garderobe von Frau Ignatowski nicht aus, aber sie hat diesen roten Seidenschal, dieses schreckliche Mordwerkzeug. Würde der rote Morgenrock mit dem angeblichen chinesischen Motiv nicht dazu passen?«

»Wie?«, schreit die russische Gräfin Thies und Picon an, als die beiden sie in ihrem Abteil aufsuchen.

»Ein roter Morgenmantel!«, schreit Thies zurück.

»Gewiss, so einen Morgenrock besitze ich.« Die Gräfin reckt das Kinn, dass der Schildkrötenhals Falten wirft. Zunächst ist sie gar nicht so sicher, ob sie das Kleidungsstück überhaupt in ihrem Gepäck dabeihat. Schließlich kann der Französischlehrer sie überreden, ihre drei Koffer zu öffnen. Einen roten Morgenrock können die beiden Ermittler hier aber nicht entdecken.

»Aber jetzt, wo Sie es sagen, bin ich überzeugt, dass ich ihn tatsächlich dabeihabe. Wo ist er nur abgeblieben? Es ist mir ein Rätsel.« Die Gräfin sieht die beiden mit großen Augen an und krault dabei mit ihrem diamantenbesetzten Ringfinger den Perserkater, der wohlig schnurrt. »Fjodor, wo hast du ihn versteckt?«

»Der Kater kennt den Mörder«, orakelt Picon.

»Der Ärmste hat Schmerzen.« Frau Ignatowski macht ein betrübtes Gesicht. »Diese Person, diese Lateinlehrerin, hat ihm einen brutalen Tritt versetzt.«

Thies ist mit den Gedanken noch bei dem Morgenrock. Mittlerweile hat er allerdings Zweifel, ob es diesen roten Mantel überhaupt gibt. Und der Französischlehrer entwickelt ganz eigene Theorien, als die beiden das Abteil der Gräfin verlassen.

»Mehr offene Fragen als Ergebnisse«, fasst Thies den dürftigen Stand der Ermittlungen zusammen.

»Isch bin Ihnen dankbar, *mon cher*, Sie geben mir das rischtige Stichwort.« Picon streckt die Brust heraus und streichelt sein Bärtchen. Er zückt sein Notizbuch, in dem er penibel nicht nur die Personalien aller Mitreisenden, sondern auch die wichtigsten offenen Fragen notiert hat.

»Was der Erklärung bedarf« steht groß oben auf einer Seite. »Sieben wichtige Fragen.«

»Wer 'at ein Motiv, Agathe Christiansen zu ermorden?«, liest der Französischlehrer laut vor.

»Befindet sich der Mörder überhaupt noch im Zug?

Wie konnte der Täter die *toilette* durch die geschlossene Tür verlassen?

Wer 'at seine Paris-Fahrkarte und wer eine Knopf oder ein Bonbonpapier auf der *toilette* verloren? Wer isst über'aupt diese scheußlischen Lakritzbonbons? 'at der weiße Kater Fjodor Spuren beim Mörder hinterlassen? Und vor allem: Was 'at der rote Morgenmantel zu bedeuten?«

Picon sieht von seinem Notizbuch auf.

»Mit diesem blöden Mantel kommen wir irgendwie nich weiter.« Thies klingt resigniert.

»Sollen wir mit dem roten Morgenrock nur in die Irre geführt werden?«, fragt Picon.

Thies kommt nicht ganz hinterher und bekommt seinen Kuhblick.

»Ein Phantom, mein lieber Freund, das uns in die Irre führen soll.« Der Belgier sieht ihn vielsagend an.

»Ein Phantom? Etliche Zeugen haben dat rote Teil gesehen. Heike auch, das hat sie sich nich eingebildet.«

Allmählich bekommt Thies Zweifel am Geisteszustand des belgischen Hobbydetektivs. Oder haben Heike und Müller-Siemsen mit Bounty heimlich ein Tütchen geraucht?

»Vielleicht müssen wir eine Kehrtwendung machen und unseren Fall in eine ganz andere Lischt betrachten?«, räsoniert Picon.

»Eines ist mal klar, dat war sicher von dem Täter anders geplant.«

»*Précisément*, der Schneesturm war sischer nicht eingeplant. Stellen wir uns für eine Minute mal vor, es 'ätte keinen Schnee gegeben und der Zug wäre fahrplanmäßisch weitergefahren. Die Tote wäre wahrscheinlisch erst *plus tard*, später in Elms'örn oder Pinneberg entdeckt worden …«

»Spätestens Altona«, stellt Thies fest. »Da is Endstation, und dann wär dat ja wohl aufgefallen.«

»Der Täter konnte nicht wie geplant den Zug verlassen, er musste improvisieren … Oder vielleischt waren es ja auch mehrere Täter?«

»Mehrere Täter? Ich weiß nich.« Für Thies klingt das nach einer Verschwörungstheorie. »Haben wir hier bei uns in Fredenbüll bisher eigentlich noch nich gehabt.« Er sieht den Belgier skeptisch an. »Und wir hatten hier schon so einiges.«

Thies schwirrt der Kopf. An den Zugfenstern laufen mittlerweile Wasserrinnsale und kleine Placken schmelzender Schnee vom Dach herunter. Allmählich muss er Nicole mal erreichen. Er muss es unbedingt gleich noch mal versuchen, sie zumindest über diesen Bahnfunk zu erreichen. Nicole ist schließlich zuständig und könnte Ordnung in dieses Durcheinander bringen. Und das Durchwühlen von Damenunterwäsche würde Thies auch lieber der Kollegin überlassen. Mittlerweile hat er die Nase gestrichen voll von Jean-Pierre Picons wilden Theorien und albernen Fragenkatalogen wie aus einem alten englischen Kriminalroman. Und er hat sowieso genug von roten Morgenröcken.

34

Eine ganze Weile stapft Kappe am Deich entlang. Ihm ist kalt in seinem viel zu dünnen braun-beige gestreiften Jackett. Es schneit nicht mehr, aber der Wind weht ihm immer wieder ein paar Flocken ins Gesicht. Er dreht sich laufend um. Er will jetzt nicht entdeckt werden. Auf keinen Fall. Er geht auf der Straße. Aber er ist jederzeit bereit, schnell auf die andere Seite des Deiches hinüberzulaufen, wo er von der Straße aus nicht zu sehen ist.

Die Landschaft ist menschenleer und Fahrzeuge sind im Augenblick auch nicht unterwegs. Ab und zu tauchen die halb eingeschneiten Hinweisschilder nach Bredstedt auf. Und dann steht plötzlich der riesige Plastikhase mit dem blöden Joker-Grinsen auf dem Acker, an dem er schon mehrmals vorbeigefahren ist. Bewegt er sich im Kreis oder gibt es hier eine ganze Hasenfamilie?

Kappe holt die Pistole, die er dem Elektrofritzen abgenommen hat, aus der Jacke und zielt auf das über der Landschaft schwebende Gummimonster. »Bamm! Bamm! Bamm!« Er zeigt mit der Waffe auf den Hasen. Zunächst schießt er nicht, sondern stößt nur einen grimmigen Lacher aus und zeigt dabei seine schiefen schlechten Zähne. Dann zielt er noch mal auf das dämliche

Joker-Grinsen und drückt ab. Der große Hase gibt einen kurzen, fast erstaunten Knall von sich, dann sacken erst die langen Ohren und danach der ganze Kopf mit einem letalen Pfeifen in sich zusammen.

Von Weitem nähern sich zwei Autos. Kappe entert sofort den Deich. Nachdem die Wagen passiert haben, kommt er zurück auf die Straße. Hier von irgendwelchen neugierigen Nordfriesen oder sogar von der Polizei gesehen zu werden, will er unbedingt vermeiden. Er sollte sich jetzt schnellstens ein Versteck suchen, in dem er den Beutel mit dem Geld für eine Weile deponiert. Aber wo?

Das nächste Straßenschild zeigt ausnahmsweise mal nicht nach Bredstedt, sondern in die andere Richtung, zu einem Ort namens Neutönninger Siel. Geradeaus geht es nach Fredenbüll. Fredenbüll? Nein, Kappe ist skeptisch und entscheidet sich für Neutönninger Siel. »Siel« klingt doch gar nicht schlecht für ein Versteck, brummt er. Er läuft mit seinem »Acker unter Strom«-Beutel weiter die kleine Straße Richtung Nordsee. So kommt es ihm zumindest vor. Nach wenigen Kilometern kommt er an den Kanal mit der kleinen Schleuse, ein paar Meter weiter an eine Badestelle mit einem DLRG-Häuschen und mehreren Strandkörben, die in voreiliger Erwartung des Frühlings aufgestellt worden sind.

»Badestelle Neutönninger Siel« ist der passende Ort für ein Versteck, Kappe fühlt sich bestätigt. Es ist abgelegen. Um diese Zeit und bei diesem Wetter ist hier absolut noch nichts los. Aber an der Stelle kann man sich orientieren. Er kann das Geld schlecht mitten auf einer Wiese oder einem Deich zwischen der Schafsscheiße vergraben. Das würde er niemals wiederfinden.

Er orientiert sich an der DLRG-Bude, von der der schmelzende Schnee tropft, und schreitet zehn Schritte ab, auf die Wiese hinaus. Hier will er den Beutel vergraben, nur für eine Weile. Ihr gemeinsames Kopfgeld für die tote Frau behält er bei sich, das will er, wie verabredet, mit Denny teilen. Von den zusätzlichen Scheinen, die er im Tresor gefunden hat, muss sein Kumpel erst mal nichts wissen. Die hat er sich redlich verdient. Außerdem ist er stinksauer auf Denny. Irgendwie ist er dafür verantwortlich, dass die ganze Nummer so aus dem Ruder läuft. Jetzt hat Kappe auch noch einen erschossen. Dafür ist er nicht zuständig, verdammt noch mal, das ist Dennys Job. Nein, es ist völlig in Ordnung, dass er hier etwas für sich abzweigt.

Diesen Beutel will er erst mal loswerden. Über kurz oder lang werden sie das gestrandete Elektroauto entdecken, und dann wird die Polizei die Gegend durchkämmen. So lange müssen er und Denny sowieso erst mal untertauchen. Ein paar Tage die Füße stillhalten. Jeder bekommt seinen Anteil, und dann will er sich seine hübsche Zugabe holen. Aber was ist mit Denny? Auch wenn er sein eigenes Ding gedreht hat, er muss sich bei ihm melden, sonst sieht er keine Kohle. Kappe kann eigentlich alles ganz relaxed auf sich zukommen lassen. Aber er ist trotzdem nervös. Kappe ist eigentlich immer nervös.

Mit dem Besen an einer Seite des großen Eiskratzers fegt er ein Stück Schnee beiseite. Er versucht mit dem Kratzer in den Boden zu stechen. Weit kommt er damit erst nicht. Der Schnee scheint schon leicht angetaut, aber der Boden ist gefroren. Kappe kratzt und schabt weiter. Ein paar Zentimeter kann er in die harte Erde vordringen. Er stößt den Eiskratzer mit aller Kraft in den Boden. Das komische Teil, das er aus dem Elektroauto mitgenommen hat, macht einen stabilen Eindruck. Trotzdem kommt er nur mühsam Zentimeter um Zentimeter weiter. Das kann ewig dauern, bis er ein Loch für den Geldbeutel gegraben hat. Kappe kommt ins Schwitzen.

Und dann bricht schon wieder seine Wunde im Gesicht auf. Es pocht in seiner Wange. Das Blut tropft in den Schnee, zunächst nur ein paar Tropfen, die aber ganz schnell zu dicken Spritzern werden. In seinem Gesicht fühlt sich auf einmal alles ganz warm an. Er fasst sich ins Gesicht. Seine Hand ist sofort blutrot.

»Scheißschussverletzung«, zischt Kappe. Mit klammen Fingern zupft er die Packung Papiertaschentücher aus der Jackentasche und drückt sich ein Tuch auf die Wunde. Mit einer Hand stillt er die Wunde, mit der anderen kratzt er wild auf dem Boden herum.

Verdammte Scheiße, was macht er hier? Und wo steckt Denny? Wollen ihn alle linken? Erst dieser dämliche Elektro-Fritze, der mit der Kohle nicht rüberkommen wollte. Oder will Denny ihn übers Ohr hauen? Der Landmaschinenvertreter hat seine Quittung bekommen, und falls Denny ihm dumm kommt, kriegt er auch eine verpasst. Er hat die Kohle, verdammte Scheiße, die anderen können ihn alle mal.

Während ihm das Blut ins Taschentuch suppt, hackt er wütend mit dem Eiskratzer in die gefrorene Wiese. »Fuck off!« Kappe ist jetzt fuchsteufelswild. Er blutet und sticht den Eiskratzer in die gefrorene Erde. Immer wieder, immer heftiger … und dann bricht mit einem Mal der Kratzer vom Stiel ab.

»Scheiße! Scheiße! Scheiße!« Kappes Stimme hallt über die verschneite Landschaft.

Wütend schleudert er die Einzelteile des Eiskratzers in die Landschaft und kehrt mit den Schuhen die paar Krümel herausgekratzte Erde in das kleine Loch zurück. Er fegt Schnee über die Stelle. Dann schnappt er sich den Geldbeutel und nimmt einen Teil der Scheine, die blutigen Papiertücher und Lundius' Pistole heraus. Er läuft zu den Strandkörben und sucht dort nach einem passenden Versteck. Schließlich zieht er in einem der Körbe die Fußbank heraus, legt den Geldbeutel in das Innere und schiebt sie wieder hinein. Er mustert die auf den Korb gesprühte Zahl: null siebenundfünfzig. Ein ideales Versteck ist das nicht. Aber für eine Weile sollte »Acker unter Strom« hier sicher sein, und allzu lange will er den Beutel hier ja nicht liegen lassen. Null fünf sieben, die Nummer des Strandkorbs muss er sich einprägen.

Kappe geht noch mal um den Strandkorb herum und die Badestelle ab, um sich zu vergewissern, dass der Beutel auch nicht zu sehen ist. Er tupft seine Wunde, die inzwischen ein bisschen weniger blutet, und atmet die klare kalte Luft ein. Er muss warten, dass Denny sich meldet. Aber wo soll er so lange bleiben? Und dann fällt ihm die verlassene Baustelle ein, wo er vorhin Saft für die Scheißelektrokiste abgezapft hat. Da gab es eine Baubude. Das muss hier ganz in der Nähe sein.

35

Das alte Reetdachhaus direkt am Deich ist noch mitten in der Renovierung. Aber der Kaminofen in der großen offenen Küche funktioniert schon. Nicole und Niggemeier haben einige Wände herausgenommen, sodass aus Küche, Ess- und Wohnzimmer ein zusammenhängender Raum entstanden ist. Die alten Holzdielen sind schon abgeschliffen und grundiert.

»Fehlt nur noch die letzte Ölung«, hatte Niggemeier gewitzelt. In einer Ecke steht ein Arrangement mehrerer Farbtöpfe und eingeweichter Pinsel. Auf dem Boden liegen vor den jeweiligen Wänden die Fußleisten zur Montage bereit. Momentan sieht es hier noch nach Baustelle aus. Aber ein Ende scheint absehbar.

Niggemeier hat in seinem Musikzimmer im Dachgeschoss gerade die ersten Kartons seiner Vinylplattensammlung sortiert. Nicole ist heute Abend einfach erledigt. Erst die Befragungen und dann hat sie auch noch begonnen, einen alten Tisch abzuschleifen. Das war in ihrem Zustand ein bisschen zu viel. Jetzt hängt sie reichlich erschöpft auf dem Sofa, das Niggi schon ins Haus transportiert hat. Das hässliche Sofa mit den grünen Streifen wollte sie auf keinen Fall in ihrem schönen, stilvoll renovierten Haus haben. Aber jetzt ist sie doch froh, es sich in eine Wolldecke eingehüllt auf dem Sofa gemütlich machen zu können. Niggi bringt ihr Tee, und Finn erzählt aufgeregt von Polarwirbeln in Bananenform und fünfzig Grad Hitze über den Wolken.

»Finn, was hast du dir da wieder für einen Quatsch ausgedacht?«

»Das ist überhaupt kein Quatsch«, protestiert ihr Sohn. »Das hat Piet nämlich gesagt.«

»Der muss es ja wissen.« Oberstudienrat Niggemeier grient.

»Genau, das hat Onkel Piet nämlich schon mal selbst miterlebt. Er war bei der großen Schneekatastrophe dabei ... vor hundert Jahren oder so, weiß auch nicht.«

»Polarwirbel in Bananenform? Man lernt nie aus.« Niggemeier lacht, während er mit einem kleinen Messer einen »Croque Störtebeker« in mehrere Stücke teilt. Auf der Küchenarbeitsfläche stehen eine Tüte mit Sandwiches aus der »Hidden Kist« und eine Flasche Wein. Das richtige Geschirr ist noch nicht ausgepackt, nur ein paar Wassergläser. Es ist alles noch unfertig und improvisiert, aber irgendwie findet Nicole das gerade gemütlich. Auf einmal hat sie das Gefühl, dass sie eine Familie sind. Zum ersten Mal eigentlich.

Niggemeier zeigt Finn, wie man im Kaminofen Holz nachlegt. Dann schenkt er sich an dem offenen Küchentresen ein Glas Wein ein.

»Am liebsten würde ich jetzt auch ein Glas trinken.« Nicole setzt sich im Sofa auf.

»Du bekommst gleich noch einen Tee.« Niggi sieht sie streng an.

»Komm, ich hab auch den ganzen Tag gearbeitet.«

»Ich hab dir gesagt, du sollst dich schonen, auf keinen Fall den ganzen Tag im Streifenwagen durch die Gegend düsen.«

»Das ist doch kein Streifenwagen«, protestiert Finn. »Mama hat 'n Zivilfahrzeug. Mama is doch keine Streifenpolizistin.«

In dem Moment klingelt auf dem Küchentresen ein Handy. Niggemeiers Klingelton mit den ersten Akkorden von ›Sympathy for the devil‹ ist es nicht.

»Mama, dein Telefon«, ruft Finn und läuft sofort hin.

»Finn! Du gehst nicht an mein Handy«, ruft Nicole noch. Aber da hat ihr Sohn längst das runde grüne Feld gedrückt.

»Hallo, hier ist Finn«, meldet er sich. »… ach, Thies, du bist das. Rufst du von Paris aus an? … Was, du bist gar nicht in Paris? … zwischen Husum und Friedrichstadt? Dann kannst du ja kommen! Hier sind nämlich mehrere Vermisste …«

»Wer wird denn vermisst?«, ist Thies' Stimme leise aus dem Smartphone zu hören.

»Weiß auch nich. Mama is die ganze Zeit rumgefahren und hat die Vermissten gesucht, während ich in ›De Hidde Kist‹ war … Ach so, jetzt sind wir in dem neuen Haus.«

Inzwischen hat sich Nicole vom Sofa erhoben und rollt mit gespielter Verzweiflung die Augen. »Finn, was hab ich gesagt, du sollst nicht einfach an mein Handy gehen«, zischt sie ihrem Sohn zu.

»Thies ist am Telefon!«, verkündet er lautstark.

»Ja, das hab ich jetzt mittlerweile auch mitbekommen.« Sie nimmt ihm das Telefon aus der Hand. »Endlich, Thies, wir müssen reden. Hast du jetzt wieder ein Netz?«

»Ja, nee, nur über ›friesitel‹, dat is nich mein Handy …«

Nicole wartet seine weiteren Erklärungen gar nicht ab, sondern berichtet ihm gleich von dem vermissten Ole Matthiesen und dem Landmaschinenvertreter. Aber vor allem sprechen sie über den Mord im Nord-Ostsee-Express. Nicole schildert ihm die Zeugenaussage von Oma Ahlbeck und Kurschatten Kurt.

»Haben die denn irgendwat von dem Täter oder der Täterin sehen können?«

»Nee, offenbar nicht. Zuerst dachte ich, sie hätten sich das alles nur eingebildet. Vor ein paar Tagen lief im Fernsehen ja dieses ›16 Uhr ab Paddington‹ oder so.«

»Paddington?« Thies kommt nicht ganz hinterher.

»Miss Marple«, klärt Nicole ihn auf. »Aber die Tote im Zug gibt es ja tatsächlich. Ich hab gehört, eine Agathe Christiansen?«

»Ja, dat war die Lateinlehrerin von Telje und Tadje.«

»Hast du schon irgendwelche Erkenntnisse? Wie ist die Motivlage?«

»Mordmotiv haben viele, eigentlich alle.«

»Christiansen?«, schaltet sich Niggemeier aus dem Hintergrund ein. »Ermordet? Die ist doch bei mir am Theodor Storm.« Er macht eine kurze Pause. »Aber kann ich verstehen. Schlimm die Christiansen, Pädagogik wie aus dem vorletzten Jahrhundert. Die hat ganze Karrieren auf dem Gewissen.«

»Aber wer sie umgebracht hat, konnten Oma Ahlbeck und ihr Kurt auch nicht erkennen«, erklärt Nicole weiter. »Nur das gegen die Scheibe gepresste Gesicht der Frau und ein rotes Tuch.«

»Dat rote Tuch ist uns bekannt. Vielleicht auch ein roter Morgenrock?«, fragt Thies voller Hoffnung.

»Ein roter Morgenrock? Nein ... oder doch? Aber wieso sprichst du von uns?« Die Kommissarin wundert sich.

»Ja, Nicole, dat is es ja eben.« Thies' Seufzen ist durch das Handy deutlich zu hören. »Mir funkt ja dieser Picon immer dazwischen.«

»Picon?«

»Dat is der Reiseleiter für Paris und so wat wie 'n Hobbydetektiv oder so.«

»Ich dachte immer, Picon wäre ein klebriger Likör für die Damenwelt«, gibt sie zurück.

»... jo, so ähnlich. Aber sag mal, muss ich eigentlich akzeptieren, dass dieser alberne Französischlehrer bei jeder Befragung danebensitzt?« Thies wartet auf eine Antwort, doch seine Kollegin schweigt. »Nicole, ich komm hier mit diesem Sabbelbüdel nich weiter. Kannst du nich kommen?« Er druckst herum. »Ich weiß ja, du bist schwanger ... hochschwanger ... aber ...«

»Thies, du musst die Stellung noch mal halten. Im Augenblick kommt man zu dem Zug ja noch gar nicht durch. Aber es taut ja. Und wenn die Bahn weiterfährt, dann musst du die Leute erst mal im Zug behalten.«

»Is schon klar, keiner verlässt den Zug, solange der Fall nicht geklärt ist.«

»Und wir stoppen den Zug dann erst mal in Heide oder Meldorf.«

36

Draußen dämmert es. Die Reisenden des Nord-Ostsee-Expresses richten sich etwas missmutig auf eine zweite Nacht im Zug ein. Zumindest gab es heute Abend etwas Leckeres zu essen, und Onno von Rissens Bordeauxvorrat ist auch noch nicht ganz aufgebraucht.

Dann quakt es auf einmal aus dem Lautsprecher. »Mein Name is Dennis Wiese, ich bin Ihr Zugbegleiter … Jo, also, ich wollte mich mal wieder melden. Unsere Weiterfahrt nach Hamburg-Altona verzögert sich noch eine Weile. Aber große Teile der Strecke sind schon wieder frei. Die Kollegen arbeiten da weiter dran. Geht also vielleicht schon bald weiter … Ähhh … Ssänk ju for trawelling wiss Deutsche Bahn.«

Thies ist alarmiert. Solange der Fall nicht geklärt ist, sollte der Zug auf keinen Fall weiterfahren. Keiner darf den Zug verlassen. Nicole muss herkommen und am besten auch die Spusi. Sie müssen allmählich mal zu normalen Ermittlungen kommen, sonst werden sie diesen Fall nie lösen.

Heike und auch die anderen sind sofort ganz aufgeregt, dass es gleich weitergehen soll. Und dann haben Heike, Bounty und Giselle vorhin auf dem Gang etwas aufgeschnappt.

»Bounty, dat müssen wir erzählen. Dat sind wichtige Hinweise für Thies.«

Der Althippie ziert sich noch. »Ich will hier ja keinen verpetzen ...«

»Bounty, dat geht hier um Mord«, ermahnt Thies ihn.

»Wir haben einen kleinen Streit des Ehepaares Müller-Siemsen mitbekommen«, berichtet Giselle mit leiser Stimme weiter.

»Kleiner Streit ist gut«, bemerkt Bounty. »Das war schon ’n bisschen heftiger.«

»Is bei Müller-Siemsens ja nich unbedingt was Neues. Die waren doch schon mal so gut wie geschieden«, bemerkt Thies. »Worum ging dat denn?«

»Dat is es ja eben, um Agathe Christiansen«, zischelt Heike hinter vorgehaltener Hand dazwischen, damit es möglichst keiner mitbekommt. »Da war wohl was mit ihrer Schwester in der Universitätsklinik, weiß auch nicht.«

»Ja, dat haben Müller-Siemsens in unserer Befragung schon angedeutet«, bestätigt Thies.

»Um die Befragung ging es wohl«, übernimmt Giselle wieder. »Er hat ihr Vorhaltungen gemacht, dass sie diesen Kunstfehler euch gegenüber erwähnt und ihn damit in Verdacht gebracht hat.«

»Wie weit bist du denn überhaupt, Thies?«, will Bounty wissen. »Du hast ja tatkräftige Unterstützung.« Er grient seinen Imbissfreund an. Thies verzieht keine Miene.

»Na ja, Müller-Siemsens sind nicht die einzigen Verdächtigen. Außer uns vieren hier haben sonst fast alle ein Motiv.«

Und dann ist Oberdetektiv Jean-Pierre Picon auch schon wieder zur Stelle, wodurch sich Thies' Laune nicht unbedingt verbessert.

Picon nimmt den Polizeihauptmeister gleich zur Seite. »Isch 'abe nachgedacht, *mon cher*. Sie wissen, die kleinen graue Zellen …«

Das bedeutet nichts Gutes, denkt Thies, aber er sagt nichts.

»*Eh bien*, isch 'abe eine Theorie«, flötet der Belgier.

»Und ich hab gerade mit der zuständigen Hauptkommissarin Nicole Stappenbek telefoniert«, unterbricht Thies ihn gleich. »Außer unseren Toten im Zug wird im Landkreis seit gestern nämlich auch noch ein junger Kollege vermisst, dat is quasi mein Vertreter.«

»Aber damit können wir ja nichts zu tun 'aben hier im Nord-Ostsee-Express, *n'est-ce pas*?«

»Weiß man nich, unsere Erfahrung zeigt, meist gehören die Mordfälle dann doch zusammen, auch wenn man dat erst nich denkt.«

»Ich wüsste nicht, was Ihr verloren gegangener Kollege mit unserer Toten in Waggon Eins zu tun 'aben sollte.«

Thies hat wenig Lust, das Thema abschließend zu diskutieren. Zunächst machen sich die beiden aber auf die weitere Suche nach Paris-Fahrkarten und dem roten Morgenmantel. Außerdem haben sie immer noch nicht alle Passagiere befragt. Und den Schaffner Dennis Wiese, der sich mit seiner Durchsage gerade in Erinnerung gebracht hat, hätten sie auch fast vergessen. Immerhin ist er der Einzige, der einen Universalschlüssel für das Bahn-WC besitzt.

»Monsieur Wiese? Vorname Dennis? Beruf *controleur de train.*« Picon notiert mit abgespreiztem kleinem Finger in sein Büchlein.

»Dat hat er ja nu selbst grade durchgesagt.« Thies verdreht innerlich die Augen. Staunend blickt er auf Wieses Bahnuniform. Der untere Teil der Hosenbeine ist üppig mit weißen Haaren beflockt.

»Sie 'aben ja diese Üniversalschlüssel für die *toilette*«, reißt der Französischlehrer die Befragung sofort wieder an sich. »Wann 'aben Sie damit die Tür geöffnet oder verschlossen?«

»Na ja, heute Morgen, als Sie mich gerufen haben und wir dann die Tote gefunden haben.«

»Isch meine, vor'er? 'aben Sie die Schlüssel vor'er benützt?«

»Vorher? Na ja, in Wagen Zwei. Da hab ich abgeschlossen, weil dat Klo is ja kaputt, schon ewig … die Wasserspülung. Dat is eine Scheiße.«

»Aber die andere Toilette war eigentlich offen?«, fragt Thies nach.

»Ja, wieso?« Dennis versteht die Frage nicht ganz. »Is ja im Augenblick dat einzige Klo.«

Monsieur Picon wechselt das Thema. »Kennen Sie Madame Christiansen?«

»Dat kann man wohl sagen«, platzt es aus dem Schaffner heraus.

Thies und Picon sind erstaunt. »Was für eine Beziehung ’aben Sie zu ihr?«

»Beziehung kann man dat eigentlich nich nennen«, rotzt Dennis heraus und verstummt gleich wieder.

»Woher kennen Sie sie denn?«, fragt Thies. »Lateinunterricht war dat ja vermutlich nich.«

»Wieso, dat is meine Nachbarin … leider Gottes.« Dennis Wiese tut so, als müsse das jeder wissen. »Wir wohnen im selben Haus in Husum.«

»Das nachbarschaftlische Ver’ältnis war offenbar nischt das beste?«, vermutet Picon.

»Nachbarschaftliches Verhältnis?!« Der ansonsten reichlich lethargische Schaffner bekommt einen roten Kopf. »Mit der Christiansen in einem Haus, dat is die Hölle! Die is nur am Rummeckern und Zetern, und die hat meine Katze vergiftet!« Wiese redet sich in Rage.

»Sie ’aben eine Katze?«

»Ja, eben nich mehr, die hat sie vergiftet. Mit Rattengift. Unglaublich! Scheint wat gegen Katzen zu haben. Fjodor hier von der russischen Gräfin hat sie doch auch gleich einen mitgegeben mit ihren dicken Gesundheitsschuhen.« Wieses Kopf wird immer röter.

»Es macht mir den Eindruck, Ihr Ve’ältnis zu Madame Christiansen war, wie soll isch sagen … *désolé*«, konstatiert Jean-Pierre Picon.

»Sie is ja nur am Schimpfen. Ständig hat sie sich über dat Grillen beschwert. Im Sommer grill ich, is doch normal. Und dat Schärfste, ständig behauptet sie, ich hab dat

Treppenhaus nich gemacht. Auch wenn ich gar nicht dran war. Unglaublich!«

»Na, dat Thema is ja jetzt wohl durch.« Den Treppenhausreinigungsplan will Thies jetzt nicht unbedingt weiter diskutieren. Er starrt auf die Katzenhaare an Wieses Hose.

»Als die da heute Morgen tot neben der Toilette saß, da hab ich … Also ich will nix gesagt haben.«

Jean-Pierre Picons Gesichtszüge geraten in Bewegung. Es sieht aus, als wanderten die Augenbrauen ganz langsam Richtung Stirn.

37

Erst hat Kurschatten Kurt in der Wohnung seiner Bekannten noch ein bisschen geputzt und Staub gewischt, seine neueste Yogaübung. »Saubermachen im Sonnengruß«, wie er es nennt. Auch Oma Ahlbeck ist mittlerweile überzeugt. »Dat kommt alles in eine harmonische Balanxe, Körper, Seele, Badezimmerfliesen und Essigreiniger.«

Dann haben sich Frau Ahlbeck und Kurt in der Abenddämmerung noch mal auf den Weg ins Deichvorland gemacht. Kurt hat die Hoffnung noch nicht aufgegeben, vielleicht doch noch ein paar schöne Bilder der Goldregenpfeifer über der friesischen Schneelandschaft zu schießen.

In Kurts Opel schlittern die beiden Senioren die kleinen Straßen am Deich entlang. Die Geräusche werden durch den Schnee gedämpft, aber das leise Tuckern des Motors ist deutlich zu hören.

»Hertha, jetzt musst du dir mal vorstellen, das Auto würde gar kein Geräusch mehr machen.« Seit ihrem letzten Besuch in der »Hidden Kist« ist Kurt ganz beseelt von der Idee, in Kürze auf ein Elektroauto umzusteigen. »Wir würden geräuschlos einfach so durch die Landschaft schweben.« Kurt senkt die Stimme zu einem Flüstern.

»Deshalb musst du nich auch gleich geräuschlos reden.« Frau Ahlbeck hört bekanntlich nicht mehr so gut.

»Ich sagte, wir schweben durch die Landschaft …«

»Kurt, ich weiß nich recht, dein Astra is doch auch schön leise … und bequem.« Sie streicht über die buntgesprenkelten, von Kurt regelmäßig gesaugten Schonbezüge.

»Das leise Auto würde die Vögel weniger stören, die Unken, Füchse und alle anderen Tiere. Das heißt, ich käme mit der Kamera viel leichter und näher heran. Das Auto würde weniger Emissionen verursachen, auch das würde den Tieren zugutekommen. Ich spiele ernsthaft mit dem Gedanken, mir als Nächstes ein Elektroauto zuzulegen.«

»Ja, Kurt, dann müssen wir mal zu Schmale hin. Hast ja gehört, die sind auf Elektro spezialisiert.«

»Die haben ja sicher auch Vorführwagen, dann könnten wir mal eine kleine Probefahrt machen.«

»Wir können uns ja mal beraten lassen. Gerd Lundius, dat is der Mann der Chefin, der macht da den Verkauf.«

»Lundius, sagst du? Ja, da lass uns doch mal hinfahren.« Kurt steuert seinen Opel über die verschneite Straße.

Inzwischen taut es. Der Schneematsch klatscht von den Reifen gegen die Innenseite der Kotflügel. Der kurze Wintereinbruch scheint schon wieder zu Ende zu gehen. Für die Ostertage sind auf einmal frühlingshafte Temperaturen vorhergesagt. Im Westen, gen Nordsee, war eben in der Dämmerung sogar gedämpftes rötliches Glimmen zu sehen gewesen. Kurt fährt langsam, zwischendurch sieht er immer wieder an den Himmel. Aber im Augenblick kann er keinen einzigen Sandregenpfeifer sichten.

»Kurt, die Regenpfeifer sind durch.« Oma Ahlbeck hat die Hoffnung aufgegeben. »Oder bei dem Wetter gleich zurück nach Afrika.«

Aber ihr Bekannter lässt sich nicht entmutigen. Kurt steuert seinen Opel weiter die verschneite Straße am Deich entlang. Andere Autos kommen ihnen nicht entgegen. Bei diesem wenig österlichen Wetter sind alle zu Hause geblieben. Kurt ist offenbar der einzige Vogelfreund, der heute Abend auf Tour ist. Er biegt von der Straße in einen noch kleineren Weg ab. Von hier kommt man einigermaßen bequem auf den Deich, überlegt er. Er fährt an einer kleinen Baumgruppe und einem Holzschuppen vorbei.

»Halt mal, Kurt! Da! Fahr mal rechts ran!«, schreit sie mit rollendem R.

»Was is denn los?« Ihr Bekannter weiß gar nicht, wie ihm geschieht.

»Da steht 'n anderes Auto.«

»Na ja.« So außergewöhnlich findet er das nun auch nicht.

»Ich sag dir, dat is dat vermisste Elektroauto, von dem die Stappenbek erzählt hat.« Frau Ahlbeck ist sich sicher.

»Hertha, da geht die Fantasie wieder mit dir durch.« Aber dann biegt er doch kurz in die Andeutung einer Einfahrt und hat gleich einen weißen Kleinwagen in den Halogenscheinwerfern seines Astra.

Er fährt ein Stück weiter auf das Auto zu. »Hertha, du hast recht, das könnte ein Elektrofahrzeug sein.

»Kurt, da sitzt noch einer im Wagen«, wundert sich Oma Ahlbeck. »Gibt's doch gar nich. Wat macht der da?«

38

Nach der Durchsage von Dennis Wiese laufen die Reisenden des Nord-Ostsee-Expresses wie aufgescheuchte Hühner durch die Gänge der beiden Waggons. Die Bahnreisenden werden langsam unruhig. Alle hoffen, dass es gleich weitergeht. Schaffner Wiese, der gefolgt von Kater Fjodor durch den Zug läuft und wieder Wolldecken verteilt, wird von allen gelöchert, wann es denn genau weitergehen soll. Der Französischkurs der Volkshochschule Bredstedt wähnt sich schon im Louvre. Thies Detelfsen muss das unbedingt verhindern, solange er den Fall nicht gelöst hat.

Er hat noch nicht mal alle Mitreisenden befragt. Mit dem ehemaligen Schüler von Agathe Christiansen hat er immer noch nicht gesprochen. Den Schüler Daniel Koop bestellt er ausnahmsweise nicht in das Vernehmungsabteil, sondern sucht ihn im anderen Waggon auf. Vielleicht ist ja so mal eine ungestörte Befragung ohne die Nervensäge Picon möglich. Im Abteil des Schülers fällt ihm gleich die derbe Holzfällerjacke ins Auge. Hing eben in der Kabine von Schaffner Dennis Wiese nicht auch so eine karierte Jacke am Haken?

»Is ja scheinbar gerade in Mode«, stellt Thies fest. Der junge Mann sieht ihn fragend an. »Hier im Zug hat ja wohl jeder Zweite so 'n Teil. Dein Nachbar ein Abteil weiter auch ... und der Schaffner, wenn er nich im Dienst is.«

»Bei dem Wetter.« Koop verzieht den Mund zu einem verlegenen Grinsen. »Es ist ja noch mal Winter geworden.« Daniel Koop tut so, als sei Thies zum Smalltalk vorbeigekommen. Mit seinen weichen Gesichtszügen und dem spätpubertären, für sein Alter reichlich spärlichen Flaum auf der Oberlippe wirkt er eher wie ein braver Oberschüler. Die wilden Geschichten, die Müller-Siemsen und von Rissen über ihn erzählen, mag Thies kaum glauben. Wie ein gewaltbereiter Schläger oder Psychopath sieht er eigentlich nicht aus.

»Sie hatten einige unangenehme Begegnungen mit der ermordeten Agathe Christiansen?«, kommt Thies gleich zur Sache.

»Unangenehme Begegnungen ist gut gesagt.« Daniel müht sich ein verkniffenes Lächeln ab. »Aber das Thema is für mich erledigt.«

»Erledigt? So kann man dat auch nennen. Frau Christiansen hat doch dafür gesorgt, dass du von der Schule geflogen bist, und jetzt lebt deine Lehrerin nicht mehr.« Angesichts des Schulthemas geht Thies spontan zum Du über.

»Wird das hier jetzt 'ne Schulkonferenz?« Agathes ehemaliger Schüler klingt auf einmal gar nicht mehr so freundlich. »Die Christiansen hat ... oder vielmehr hatte sie doch nicht alle. Da müssen Sie nur mal Ihre Töchter fragen, die werden Ihnen das bestätigen.«

Jetzt ist auch der leise Anflug des verkniffenen Lächelns verschwunden. Sein Blick bekommt auf einmal etwas Verstörendes. Hatten Telje und Tadje nicht sogar mal etwas über den durchgeknallten Daniel in ihrer Schule erzählt? Er hatte nicht nur einen Mitschüler übel zugerichtet. Nachts hatte er im Husumer Schlosspark einer jungen Referendarin aufgelauert und in den sozialen Medien immer wieder Lehrer und Mitschüler mit Hasskommentaren und kompromittierenden Videos verfolgt.

»Wo warst du denn die Nacht über? Wo hast du dich aufgehalten?«, fragt Thies streng.

»Wieso? Hier im Zug, in meinem Abteil.«

»Gibt es dafür Zeugen?«

»Zeugen? Keine Ahnung … alle, die hier im Zug waren.«

»Aber im Abteil hier warst du alleine?«

»Hier? Ja.« Koop wird immer einsilbiger.

»Mal auf 'm Klo gewesen?« Thies sieht ihn prüfend an. Aber irgendwie weiß er auch, dass er den Schüler mit diesen Fragen kaum überführen wird. »Nachts irgendwat Verdächtiges beobachtet? Und wie sieht das mit dänischen Lakritzbonbons aus?«

»Lakritz … Bonbons?« Daniel sieht den Fredenbüller Dorfpolizisten verwundert an.

»Noch nie wat von dänischen Lakritzen gehört?«

»Doch, klar. Aber was soll damit sein?« Koop guckt demonstrativ gelangweilt aus dem Fenster.

»Dat sind laufende Ermittlungen …« Thies sieht ihn

mit dienstlicher Miene an, »… in denen möglicherweise dänische Lakritzen eine Rolle spielen.«

Daniel sagt jetzt gar nichts mehr.

»Hast du jemand mit einem roten Morgenmantel gesehen?«

Koop verzieht nur höhnisch die Mundwinkel. Und seinen Rucksack öffnet er nur widerwillig. Ein Morgenrock hätte neben dem Notebook ohnehin kaum hineingepasst. Thies ist ratlos. Fast fehlt ihm Picon jetzt sogar, vor allem aber hofft er sehnsüchtig, dass sich Nicole endlich in die Ermittlungen einschaltet.

Aus lauter Verzweiflung wechselt Thies das Thema. »Wo soll die Reise denn überhaupt hingehen?«

»Nach Hamburg.«

»Party, oder wat?« Das überhebliche Grinsen des Ex-Schülers geht dem Dorfpolizisten allmählich auf die Nerven.

»Nein, ich will beruflich nach Hamburg.« Daniel Koops Blick wird nicht unbedingt freundlicher.

»Beruflich? Dat heißt?«

»IT, ich muss zum Elektrogroßhandel. Bestimmte Teile kriegst du in Bredstedt nich.«

»Ei-Ti, heißt genau wat?«, will der Polizeiobermeister noch mal etwas genauer wissen. »Computer, oder?«

»Ja, Computer, Computeranlagen, Mobiltelefone. Ich bin da beratend tätig.« Bei dem Thema wird Daniel Koop etwas gesprächiger.

»Du hast auch dat Handy … also, dat einzige Handy, das hier im Zug funktioniert.«

»›Friesitel‹, lokaler Anbieter, der einzige, der hier im Norden überall ein Netz hat. Deshalb wollen auf einmal alle mit meinem Smartphone telefonieren.«

Am liebsten würde Thies das Handy von Daniel beschlagnahmen, um sich jetzt mit Nicole abstimmen zu können.

»Kann ich dat Handy mal sehen?«

»Das is grad schlecht.« Koop ist anzusehen, dass es plötzlich in ihm brodelt.

»Wieso dat?« Thies sieht ihn fragend an. »Gerade auf der Ladestation, oder was?«

»Ja, verdammte Scheiße, das Handy ist weg«, bricht es aus dem ehemaligen Schüler heraus. »Irgendein Arschloch hat mir das Handy geklaut.« Jetzt hat sein Blick etwas richtig Irres. »Erst wollten alle damit telefonieren und jetzt ist es weg. Geklaut! Das darf alles nicht angehen!« Er guckt, als wolle er Thies gleich an die Gurgel gehen. Als wolle er mit der Erdkundekarte auf ihn losgehen wie damals auf seinen Mitschüler.

Ganz so harmlos, wie er auf den ersten Blick wirkt, ist dieser Daniel Koop nicht. Thies möchte nicht wissen, was der gute Daniel im Internet so treibt. Das heißt, er kann es sich ganz gut vorstellen. Auch er hat schon von Hackern, Darknet und Cybermobbing gehört. Aber das hilft ihm im Augenblick auch nicht weiter. Hier hat er es mit einem realen Mord im Nord-Ostsee-Express zu tun.

Dann steht plötzlich Onno von Rissen vor dem Abteil. Er schiebt die Tür beiseite. »Unser französischer … ähh … beziehungsweise belgischer Freund vermisst Sie schon, lieber Detlefsen«, kräht der Fredenbüller Dorfadlige. »Und ich wollte fragen, ob wir bei einem kleinen Schlummertrunk wieder mit Ihnen rechnen können. Einen Augenblick sitzen wir hier ja offenbar noch fest.« Er dreht den Hals im Kragen. »Wird langsam Zeit, dass Sie Feierabend machen. Nicht dass Sie unseren jungen Freund hier noch verhaften. Den brauchen wir noch. Zum Rasenmähen, für unsere Computer … und um unbequeme Lateinlehrerinnen aus dem Weg zu räumen.« Er stößt einen seiner meckernden Lacher aus.

Thies sieht auf Koops Winterjacke. Und auf einmal beginnen die Holzfällerkaros hin und her zu springen. Die bunten Vierecke fangen an zu tanzen.

39

Als Kurt ausgestiegen ist und zu dem Auto geht, bestätigt sich ihr erster Eindruck. Auf dem Fahrersitz sitzt eine Person. Die korpulente Frau Ahlbeck braucht einen Moment länger, ehe sie ausgestiegen ist und den weißen Wagen erreicht hat. Sie blickt durch das beschlagene Fenster und klopft.

»Hallo, sind Sie eingeschlafen?!«, ruft sie erst laut und dann etwas leiser: »Oder erfroren?« Sie versucht, mit der Hand ein Stück frei zu wischen. Doch die Scheibe ist von innen beschlagen. Trotzdem meint Frau Ahlbeck die Person am Steuer zu erkennen. Sie kann nicht fassen, was sie da sieht.

»Dat gibt's doch nich!« Sie rückt noch ein Stück näher an die Scheibe. »Dat is ja Herr Lundius von der Firma Schmale!«

»Wo wir hinwollten, um uns ein Elektroauto anzusehen?« Kurt kann es noch gar nicht zusammenbringen. »Und eventuell eine Probefahrt machen wollten.« Er steht konsterniert hinter seiner Bekannten.

»Ich weiß nich recht, aber mit der Probefahrt wird dat wohl nix mehr werden.« Oma Ahlbeck klopft mutig an die Scheibe. »Hallo, Herr Lundius!«, schreit sie, dass es laut durch die inzwischen dunkle Schneelandschaft hallt.

»Alles in Ordnung bei Ihnen!?« Dabei sieht sie auch durch das beschlagene Fenster sehr genau, dass hier gar nichts in Ordnung ist. Der Bongsbüller Landmaschinenvertreter sitzt angeschnallt mit nach vorne gebeugtem Oberkörper auf seinem Sitz. Er hängt mehr im Sicherheitsgurt, als dass er sitzt. Eine Haarsträhne fällt ihm ins Gesicht.

»Herr Lundius! Hallo!?«, versucht Oma Ahlbeck es noch mal.

»Hertha, er hört dich nicht«, stellt ihr Kurschatten fest.

»Nee, ich glaub, der hört gar nichts mehr.« Dann stapft Frau Ahlbeck schnaufend einmal ums Auto herum. Sie wirft einen Blick durch das Fenster auf der Beifahrerseite und meint an seiner Schläfe ein kleines Loch zu erkennen. »Kurt, dat sieht aus wie 'ne Schusswunde.«

»Meinst du wirklich?« So ganz will Kurt es noch nicht glauben.

»Ich weiß doch, wie 'ne Schusswunde aussieht. Kurt, wie viele Schusswunden haben wir schon gesehen in all den Western und Mafiafilmen? Hunderte!«

»Hertha, das war im Kino.«

»Na ja, Fredenbüll is doch wie Kino, da gibt dat keinen Unterschied.«

»Was ist nur wieder los in Fredenbüll? Und warum müssen *wir* die Toten immer finden?« Kurt wird etwas weich in den Knien. Oma Ahlbeck dagegen blüht richtiggehend auf und ergreift gleich die Initiative.

Und dann schrillt auf einmal ein Gitarrenakkord aus

dem Inneren des Autos, durch die geschlossenen Türen und Fenster gedämpft, aber trotzdem krachend.

»Wat is dat denn?«, wundert sich Frau Ahlbeck. »Klingt nach Bounty oder eher nach dem Schimmelreiter. Aber die sind ja gar nicht da ... Spielt dat Radio wahrscheinlich verrückt«, vermutet sie mit dramatisch rollendem R.

»Oder vielleicht ein liegengelassenes Handy«, überlegt Kurt.

»Wir müssen Thies Bescheid sagen, aber der sitzt ja wahrscheinlich immer noch im Nord-Ostsee-Express fest.«

»Oder am besten gleich der Hauptkommissarin Nicole«, schlägt der Kurschatten vor.

»Die ist hochschwanger. Aber egal, nützt ja nix.« Oma Ahlbeck zieht ihr neues Seniorenhandy aus der Tasche ihres Anoraks.

Und dann meint Kurt ein Klopfen oder kurzes Knarren aus dem Auto zu hören.

»Kurt, nu bildest du dir aber wat ein«, behauptet Frau Ahlbeck.

»Vielleicht das schmelzende Eis oder irgendetwas mit der Elektrik.«

40

Jean-Pierre Picon sitzt bewegungslos wie eine Statue auf seinem obligatorischen gelben Tuch, das er sich auf den verblichenen Kunstsamt gelegt hat. Er hat die Brust nach vorne gereckt und zwirbelt gedankenverloren sein Menjou-Bärtchen. Thies sitzt ihm gegenüber und mustert ihn kritisch. Er will ihm nur kurz von seiner Befragung des Ex-Schülers Daniel Koop berichten, der für Thies jetzt in den engeren Fokus geraten ist.

Die meisten anderen Passagiere des Nord-Ostsee-Expresses sind noch auf den Gängen der beiden Waggons unterwegs. Dabei hat Schaffner Wiese bereits die Wolldecken für die Nacht verteilt. Aber von Schlafenszeit kann noch keine Rede sein.

»Herr Detlefsen, ich muss unbedingt mal an meine Koffer!« Angelica Müller-Siemsen steht aufgelöst vor dem Abteil.

»Ja, können Sie doch, da is nichts beschlagnahmt oder so. Nach dem roten Morgenmantel haben wir ja schon geguckt.« Thies steht auf und will die Abteiltür gerade wieder schließen.

Aber Angelica ist noch nicht fertig. »Na, Sie sind gut!«, echauffiert sie sich. »Neben meinem Koffer sitzt die tote Lateinlehrerin. Das sind Zustände hier! Unzumutbar! Das Ganze war einmal als Bildungsreise gedacht.«

»Und wat soll ich dabei jetzt machen? Sie sehen ja selbst, im Augenblick bekommen wir die Tote nich in die Gerichtsmedizin.«

»Pardon, Madame Müller-Siemsen, wir bitten um Verständnis, *conditions adverses.*«

»Wo Sie grad mal da sind, ich hab auch noch 'ne Frage«, fällt Thies jetzt ein. »Diese Geschichte mit der Schwester von Frau Christiansen … Was wollte Frau Christiansen da eigentlich von Ihnen?«

»Ich weiß schon, die nächste Frage wird sein: Wie kommt das Bonbonpapier meines Mannes neben die Tote? Und ich kann nur antworten: Ich weiß es nicht.« Frau Müller-Siemsen klingt schnippisch.

»War *professeur* Müller-Siemsen am Abend oder im Laufe der Nacht irgendwann auf der *toilette*?«, fragt Picon weiter.

»Ich kann mich nur wiederholen: Ich weiß es nicht. Bei seinen Toilettenbesuchen spricht mein Mann sich nicht mit mir ab.« Angelica gibt sich keine sonderliche Mühe, ihrem Mann ein Alibi zu geben. »Haben Sie noch weitere Fragen an mich?« Auf einmal kann Frau Müller-Siemsen gar nicht schnell genug wieder wegkommen. Ihr Koffer im Fahrradabteil ist plötzlich nicht mehr von Bedeutung.

Die anderen Teilnehmer der Reisegesellschaft debattieren aufgeregt, wann genau es weitergehen soll. Nur Bounty und Giselle sind ausgesprochen entspannt und sehen den weiteren Entwicklungen gelassen entgegen. Sie haben sich gerade in Onno von Rissens Abteil zum Bordeaux eingefunden. Aus dem Abteil ist das gedämpfte Ploppen eines Korkens zu hören. Und von den Dächern der Waggons laufen an den Fenstern unaufhörlich Schneereste und Schmelzwasser herunter.

Vor der Dämmerung war kurz die Sonne herausgekommen. Es herrscht Tauwetter. Der späte Wintereinbruch scheint genauso schnell wieder vorbei zu sein, wie er gekommen ist. Huberta von Rissen hat bereits wieder den Paris-Baedeker in der Hand. Und Polizistengattin Heike will auf dem Handy die Abfahrtszeiten der nächsten Züge ab Hamburg-Altona nach Paris suchen. Aber sie hat immer noch kein Netz.

Picon hat währenddessen sein Notizbuch mit dem gemusterten Seideneinband gezückt, in dem er fein säuberlich alles notiert hat.

»Isch 'abe nachgedacht«, verkündet er mit wichtiger Stimme. Der Französischlehrer fährt mit dem penibel manikürten Finger seine Liste unter der Überschrift »Was der Erklärung bedarf« entlang. »Motiv, Alibi, belastende Indizien, verdäschtige Umstände. Fast alle Mitreisenden 'aben ein Motiv, und niemand 'at ein Alibi. Was denken Sie, Monsieur Detlefsen?«

»Wat soll ich sagen, viel weiter bringt uns dat auch nich.« Thies wirkt etwas ratlos. »Aber wenn wir hier loskommen, steigt die Hauptkommissarin Nicole Stappenbek in Heide oder Meldorf zu.«

»Isch verspresche Ihnen, *mon cher*, bis zum Eintreffen

des Zuges in Eide oder Elms'örn 'aben wir den Fall gelöst.« Er streicht sich über die pomadigen schwarzen Haare. »Wie gesagt, isch 'abe nachgedacht.«

Weiter zum Nachdenken kommt er im Augenblick allerdings nicht. Jetzt stürmt Heike das Abteil, die wohl vom Gang etwas mitbekommen haben muss. »Thiiiies! Du willst den Zug doch wohl nich in Elmshorn stoppen? Ich will nach Paris ... Wir wollen beide nach Paris.«

»Ja, Heike, Paris läuft nich weg«, versucht er seine Frau zu beruhigen. »Aber du weißt ja, Mord geht vor. Und wenn es nach unserem ... ähhh ... belgischen Freund geht, sind wir hier in Kürze durch. Vorher verlässt keiner den Zug.«

Dann taucht, noch aufgeregter als Heike, der Ex-Schüler Daniel Koop auf.

»Ich hab noch mal alles durchsucht, mein Handy is definitiv weg! Ich bin mir sicher, das hat jemand geklaut. Wer macht denn so was?!«

»Für verloren gegangene Handys bin ich nicht auch noch zuständig«, mault Thies. Aber dann fällt ihm plötzlich ein. »Dat is außer diesem Bahnfunk im Augenblick unsere einzige Verbindung zur Außenwelt.«

41

Hauptkommissarin Nicole Stappenbek ist erledigt und gleichzeitig stinksauer, dass sie hier jetzt zu nachtschlafender Zeit im Schneematsch steht und einen neuen Mordfall zu lösen hat. Wenigstens hat Niggemeier sie hergefahren, um es seiner hochschwangeren Freundin etwas bequemer zu machen. Die Kollegen ihrer ehemaligen Dienststelle in Kiel, Kriminaltechniker Börnsen und Gerichtsmediziner Carstensen, sind genauso begeistert, dass sie nachts im fernen Nordfriesland anreisen mussten. Allen steht die miese Laune deutlich ins Gesicht geschrieben. Nur Oma Ahlbeck und Kurschatten Kurt, die in ihrem Opel neben der Fundstelle ausgeharrt und ihr Auto jetzt verlassen haben, sind enthusiastisch bei der Sache.

»Nicole, dat is eindeutig 'ne Schusswunde!« Mit diesen Worten ist die Mutter des Bürgermeisters gleich auf die Kommissarin zugestürmt.

»Na, Frau Ahlbeck, wollen Sie die Ermittlungen übernehmen? Wäre mir, ehrlich gesagt, ganz recht.«

»Nicole, wir helfen gerne, wo wir können.« Zu einer weiteren Diskussion kommt es im Augenblick nicht. Aus dem Inneren des noch verschlossenen Autos schrillen erneut die Gitarrenakkorde.

»Dat war eben schon mal!«, übertönt Oma Ahlbeck die Sologitarre. »Was is dat?«

»Ich vermute ja, der Klingelton eines Handys.« Kurt sieht die Kommissarin erwartungsvoll an.

»Das ist ›Paranoid‹ von Black Sabbath, eindeutig!« Gitarrist Niggemeier hat es am ersten Akkord sofort erkannt.

»Paranoid?« KTU-Mann Mike Börnsen blickt zu dem »Stormy Weather«-Bassisten hinüber. »Hier haben sogar die Toten eure Musik auf dem Handy.«

»Die Spur führt direkt zum Schimmelreiter«, bemerkt Niggemeier. Doch da hört niemand hin.

»Wir müssen irgendwie mal sehen, dass wir an den Toten herankommen.« Gerichtsmediziner Carstensen will die Sache möglichst schnell hinter sich bringen. »Wer ist das überhaupt?«

»Dat is Gerd Lundius«, klärt Oma Ahlbeck ihn auf.

»Der Chef von Elektro Schmale«, ergänzt Kurt.

»Nee, Kurt, Chef is seine Frau«, berichtigt ihn seine Bekannte.

»Den hab ich vor ein paar Stunden noch befragt«, ergänzt Nicole. »Und dann wurde er von seinem Werkstattleiter als vermisst gemeldet.«

»Das Auto ist überall verschlossen.« Börnsen prüft sämtliche Türen und den Kofferraum. »Da müssen wir mit der Brechstange ran.«

»Kannst kein Auto knacken?« Niggemeier grient. »Was lernt ihr eigentlich bei der Polizei?«

Oma Ahlbeck gibt ihm recht. »Ja, Nicole, du und

deine Kollegen werden doch wohl noch so 'n einfaches Auto aufkriegen.« Das kennt Frau Ahlbeck aus dem Kino anders.

Börnsen fummelt derweil schon mit einem Draht an dem Schloss herum. Ohne sichtbaren Erfolg.

»Das ist eben kein einfaches Auto. Es ist ja ein E-Fahrzeug!« Kurschatten Kurt hebt den Zeigefinger. »Die Schlösser gehen vermutlich auch nur elektrisch.«

Börnsen und Carstensen greifen zu mehreren Schraubenziehern und versuchen die Tür aufzuhebeln. Das Metall des großen Schraubenziehers drückt sich in das weiße Blech des Türrahmens. Das Blech verbiegt und zerkratzt. Börnsen stemmt sich mit aller Kraft gegen den Griff des Schraubenziehers. Schließlich springt die Tür mit einem metallischen Knallen auf.

Der Tote sitzt angeschnallt auf dem Fahrersitz. In der rechten Hand, die neben seinem Oberschenkel auf dem Sitz liegt, hält er eine Pistole.

»Neun Millimeter Parabellum«, erkennt Mike Börnsen sofort.

Die tödliche Schussverletzung hat der Kriminaltechniker auch sofort entdeckt, ein kleines, rundes, an den Rändern ausgefranstes Loch in der rechten Schläfe. Der Landmaschinenverkäufer ist für das Wetter viel zu dünn angezogen. Er ist nur mit Hemd und Anzughose und einem Sportjackett bekleidet. Auf eine Ausfahrt durch die nordfriesische Schneelandschaft war er offensichtlich nicht eingerichtet.

»Suizid?«, fragt Börnsen.

»Warum soll Lundius denn Selbstmord begehen?«, funkt Oma Ahlbeck dazwischen.

»Oder soll es nur nach Selbstmord aussehen?« Nicole sieht ihre Kollegen fragend an. »Es kann zumindest noch nicht lange her sein. Vor drei Stunden oder so hab ich noch mit ihm gesprochen.« Und dann fällt Nicole die Waffe in der rechten Hand auf. Hatte Lundius' Werkstattleiter nicht eben gesagt, dass er Linkshänder ist und außerdem auf dem Beifahrersitz gesessen hatte? Sie schiebt diese Fragen erst mal beiseite.

»Die Totenstarre hat auch gerade erst begonnen«, bestätigt Carstensen.

Zusammen mit Börnsen hebt der Gerichtsmediziner den Toten aus dem Auto auf eine Bahre. Bevor sie ihn zur näheren Untersuchung nach Kiel abtransportieren, sieht der Doktor sich den Toten vor Ort noch einmal an. Mit Gummihandschuhen und einer Pinzette untersucht er die Schusswunde. Er zieht das Projektil aus der offenen Wunde.

»Neun Millimeter.« Carstensen hält die Kugel mit der Pinzette und lässt sie in ein Cellophan-Tütchen fallen. »Passt perfekt zu der Parabellum.«

Während Carstensen und Börnsen sich den toten Lundius näher ansehen, schrillt erneut, diesmal ungedämpft und sehr viel lauter, der Anfangsakkord von ›Paranoid‹ aus dem Inneren des Autos. Oma Ahlbeck zögert keine Sekunde, aber sie braucht eine ganze Weile, um sich auf den Beifahrersitz zu zwängen. Zielsicher fischt sie das Handy aus dem Spalt zwischen Mittelkonsole und Sitz.

»Für Handys hat Hertha einen Riecher«, bemerkt Kurt noch mit wichtiger Miene. Nicole und Börnsen wollen ihr das Telefon gleich aus der Hand nehmen. Doch da hat Oma Ahlbeck sich schon gemeldet.

»Hallo, wer is denn da?«, ruft sie so laut ins Handy, dass sie auch ohne Handyverbindung bis Husum zu hören sein müsste. »Hier ist Ahlbeck, wer ist da?«

Jetzt nimmt die Kommissarin ihr das Smartphone aus der Hand. Aber am anderen Ende ist offenbar niemand. »Das sollten Sie uns lieber machen lassen, Frau Ahlbeck.« Nicole ist leicht angefressen.

Niggemeier verabschiedet sich derweil, weil er Finn nicht so lange allein lassen will. »Die Kollegen können dich fahren, oder? Und bitte schone dich hier, du bist schließlich schwanger.« Am liebsten würde Nicole jetzt auch mitfahren. Aber als ermittelnde Hauptkommissarin kann sie die Kollegen hier nicht allein lassen.

»Wir können Nicole bringen«, bietet Frau Ahlbeck gleich an. »Kurt hat doch auch dat Auto dabei.«

Mike Börnsen untersucht derweil schon das Handy. Beim zweiten Versuch hat er gleich die PIN geknackt und die Anrufliste aufgerufen. »Die Nummer der letzten Anrufe kommt mir bekannt vor.« Nicole sieht ihn fragend an. »Mit vier Siebenen am Ende, das fällt schon auf. Ich mein, das ist dieselbe Nummer wie auf dem Handy, das du aus seinem Büro mitgenommen hast.« Er deutet auf den Toten.

»Seltsam. Wer ist der Anrufer? Wieso hat er auf beiden

Handys angerufen? Oder gehört das Handy hier im Auto ebenfalls dem toten Lundius?«

»Ruf doch einfach mal an«, schlägt der Spusi-Mann vor.

Doch Nicole und Börnsen verfolgen das Thema im Augenblick nicht weiter. Jetzt ist Mike erst mal damit beschäftigt, den toten Landmaschinenverkäufer zusammen mit Carstensen in einem Leichensack und diesen in ihrem Kombi zu verstauen.

Und dann meint Oma Ahlbeck wieder ein Geräusch aus dem Auto zu hören. Eine Art Klopfen. Was kann das sein?

»Nicole, hast du mal in den Kofferraum geguckt.«

42

Thies und Jean-Pierre Picon haben sich in ihr Besprechungsabteil zurückgezogen. Der Französischlehrer hat auch noch gar keine Zeit gefunden, das »Poulardensandwich Provençale« aus der »Hidden Kist« zu probieren. Und dann wollen sie sich in Ruhe über die dürftigen Erkenntnisse auszutauschen. Doch mit der Ruhe ist es nicht weit her. Trotz vorgerückter Stunde herrscht immer noch munteres Treiben in den Abteilen und auf den Gängen des Nord-Ostsee-Expresses. Außerdem sind gerade zum wiederholten Mal der Strom und auch die Heizung ausgefallen. Aber dadurch sind alle noch unruhiger geworden.

Tastend tapsen die Bahnreisenden durch die dunklen Gänge. Frau Lundius-Schmale stolpert fast über Fjodor. Schüler Daniel Koop sucht immer noch hektisch nach seinem Smartphone. Er ist völlig außer sich. Aus Onno von Rissens Abteil dagegen ist gerade wieder das vertraute Ploppen eines Korkens und Giselles Lachen zu hören. Bei Müller-Siemsens ertönt eine Nies-Arie der Katzenhaarallergikerin Angelica. Die bei Thies hereinschneiende Heike macht ein Gesicht, als wolle sie gleich die Scheidung einreichen, falls er sich um Paris drücken will.

»Wegen ’ner toten Lateinlehrerin? Thies, dat is keine Ausrede!«

Und dann stürmt auch noch Frau Lundius-Schmale das Abteil von Thies und Jean-Pierre Picon. »Sagen Sie, wann geht es endlich weiter?« Die Frau wirkt aufgebracht. »Unzumutbar! Erst bekomme ich, obwohl ich reserviert habe, einen falschen Platz zugewiesen. Und dann hält man uns hier jetzt schon einen ganzen Tag fest. Ich habe Termine!«

»Pardon, Madame, das steht nicht in unserer Macht. Das ist ’öhere Gewalt.« Picon wedelt mit der manikürten Hand durch die Luft. »Wie Sie wissen, stecken wir in eine Schneewehe fest. Aber isch ’offe, es geht bald weiter.«

»Moment!«, protestiert Thies. »Erst mal verlässt keiner den Zug.«

Nachdem die Besucher das Abteil verlassen haben, wollen sich Thies und Picon dem Fall widmen. Und Picon probiert zunächst zögerlich Antjes Poulardensandwich. Nach dem ersten Bissen verschlingt er es hastig, als könne jemand es ihm wegnehmen.

»Délicieux!« Picon tupft sich mit der Papierserviette den Mund. »Köstlisch. Wie ’ieß noch gleich die …?«

»›De Hidde Kist‹«, klärt Thies ihn sofort auf.

»De ’idde Kist, eine *excellent restaurant* oder Bistro, *n’est-ce pas*.«

»Na ja, wir nennen dat Imbiss.«

Picon zupft sich noch ein Stück Zwiebel aus seinem Bärtchen, dann ist er gleich wieder bei dem Fall.

»Die Gedanken sind verwirrt? Nischt wahr? Aber wir

werden die Dinge ordentlich sortieren und in die rischtige Reihenfolge bringen. Die wischtigen Dinge suchen wir heraus, die unwichtigen … paff!« Er verzieht das Gesicht und stößt theatralisch die Luft aus. »… püsten wir einfach weg.«

Thies betrachtet ihn skeptisch. »Wegpusten? Allzu viel können wir da nich wegpusten, fürchte ich.«

»Vielleischt wissen wir schon mehr, als wir dachten.« Der Französischlehrer setzt eine wichtige Miene auf und streicht sich über das Pomadenhaar. »Ich 'abe im Geiste die vorliegenden Tatsachen Revue passieren lassen.«

43

»Wat haben wir denn? Nur ’n paar müde Indizien, Bonbonpapier, ’ne verlorene Fahrkarte nach Paris, jede Menge weiße Katzenhaare und einen roten Morgenmantel … und den haben wir noch nicht mal.«

»*Précisément*, aber wir ’aben viele Motive und alle ’atten die Möglischkeit.«

»Motiv, Mittel, Gelegenheit … der Klassiker«, zitiert Thies aus dem Handbuch der Kriminalistik. »Trifft in diesem Fall auf fast alle zu.«

»Familie Müller-Siemsen wurde unter Druck gesetzt und der *docteur* ist süchtisch nach Lakritzbonbons.« Picon hat inzwischen sein Notizbuch mit dem Seideneinband gezückt und geht die Liste der Verdächtigen durch. »Von Rissens Sohn wurde fast in den Suizid getrieben. Der gescheiterte Gymnasiast Daniel ’at eine Stinkwut auf seine Lehrerin und Katzen’aare auf der ’ose.«

»Der Schaffner Dennis Wiese hat nicht nur Katzenhaare auf der Hose, er hat auch ’ne tote Katze, und dat geht aufs Konto von Agathe.«

»Und dann ist da noch der große Schweiger in der dicken Winterjacke, die war ebenfalls voller Katzen’aare. Aber Madame Christiansen kennt er nicht. So behauptet er zumindest.« So ganz überzeugt klingt der Belgier nicht.

»Besonders gesprächig war er nich, vor allem war ihm kalt.« Thies friert jetzt auch. Ohne Strom und Heizung wird es langsam ungemütlich.

»Aber egal, ob alle die Wahr'eit sagen oder alle lügen, wir können unsere Schlüsse daraus ziehen«, wartet Picon mit der nächsten Weisheit für Hobbydetektive auf. »Wir müssen alle im Blick be'alten.«

»Die Einzigen, die ich ausschließen kann, sind Heike, Bounty und seine Giselle«, will Thies noch mal klarstellen.

»Und Comtesse Ignatowski, sie 'at kaum die Kraft … aber sie 'at offenbar einen roten Morgenrock mit chinesischen Zeischen.«

»Wat is eigentlich mit Ihnen, Picon? Können wir Sie ausschließen?«

»*Exactement, mon cher*, im Grunde können wir niemanden ausschließen. Aber durch die rischtigen Fragen werden wir den Täter entlarven.« Der Belgier lässt sein Bärtchen tanzen. Seine Wangen haben sich im Eifer des Gefechts gerötet. »Wir 'aben eine Geflescht aus Lügen zu entwirren, aber manchmal 'andelt es sisch auch um die Wahr'eit.«

Dem Fredenbüller Dorfpolizisten wird dieser Belgier immer rätselhafter, und er fröstelt immer mehr. Außerdem ist er müde. Der nicht enden wollende Wortschwall des Hobbydetektivs hat ihn geschafft.

Und dann werden sie von dem scheppernden Krächzen der Lautsprecherdurchsage hochgeschreckt. »Hier spricht noch mal Ihr Zugbegleiter Dennis Wiese. Nach neuesten Informationen werden wir unsere Fahrt mit Ziel Hamburg-Altona in Kürze fortsetzen können. Die vorgesehenen Anschlüsse nach Berlin, München und Paris über Köln und Aachen, Lüneburg, Winsen-Luhe, Buxtehude und so weiter werden Sie nicht mehr erreichen. Informieren Sie sich … ja, weiß auch nich … müssen Sie bei den Kollegen in Altona mal nachfragen oder im Internet.« Dann bricht die Durchsage ab.

Im nächtlichen Zug wird es sofort wieder unruhig. Mehrere der Mitreisenden kommen erneut auf den Gang heraus. Von überall sind Stimmen zu hören. Aus Onno von Rissens Abteil schallt lautes Gelächter. Die kleine Weinrunde ist in Stimmung. Auch Heike taucht aufgeregt vor dem Abteil von Thies und Picon auf.

»Hast du gehört, geht gleich weiter.« Heike tut so, als würden sie demnächst im Gare du Nord einfahren.

»Heike, bring mir erst mal eben meine Jacke. Mir is kalt geworden.« Er reibt die Hände aneinander. »Is die in dem neuen Rollkoffer? Ist der noch im Wagen bei der Lateinlehrerin?«

»Unser neuer Trolley? Bist du verrückt?! Der ist jetzt in unserem Abteil. Ich lass den doch nich neben der Christiansen stehen.« Heike wird immer aufgeregter. »Ich hol dir die Jacke.«

»Viel Zeit bleibt uns nicht«, stellt Thies fest. »Aber solange wir den Mörder nich haben, können wir die Fahrgäste nich aus dem Zug lassen … Dat weitere Vorgehen soll Nicole dann mal sagen.«

»Lassen Sie uns die gesamte Reisegesellschaft versammeln. Und isch verspresche, isch kann Ihnen den Mörder präsentieren.«

»Und wer soll dat sein?« Thies weiß selbst nicht so recht, ob er sich nur wundern oder richtig sauer werden soll. Was bildet dieser Typ sich ein?

»Wir ’aben viele Verdäschtige …« Picon macht eine theatralische Pause. »Und vermutlisch auch mehrere Mörder.«

»Und die haben zusammen am Halstuch gezogen, oder wie?« Thies schüttelt den Kopf. Wie kann er diesen Verrückten und sein endloses Palaver bloß stoppen?

»Alle müssen in einem Raum versammelt sein«, schwadroniert Picon weiter. »Nur dann wird es funktionieren.«

»Hier sind aber nur sechs Sitzplätze«, will Thies ihm gleich den Wind aus den Segeln nehmen. »Und in den anderen Abteilen ist auch nich mehr Platz.«

»Ein Speisewagen oder andere Räumlischkeiten stehen nicht zur Verfügung? Ich fürschte, uns bleibt keine Wahl. Wir müssen die Gesellschaft ins Fahrradabteil zu Madame Christiansen bitten.« Irgendwie tut Picon so, als wäre das Ganze ein Gesellschaftsspiel.

Und dann steht Heike völlig aufgelöst in der Tür des Abteils.

»Th-Thies«, stammelt sie.

»Wat denn los, Heike?« Aber da hat er längst gesehen, was los ist. Sie hat nicht seine warme Jacke in der Hand, sondern einen roten Morgenrock.

»Wo 'aben Sie den gefunden, Madame Detlefsen?«, will Picon wissen.

»Der war in meinem neuen T-T-T-Trolley.«

44

Zum Öffnen des Kofferraums muss KTU-Mann Börnsen noch mal zum Schraubenzieher greifen. Ohne digitalen Autoschlüssel funktioniert hier wenig, eigentlich gar nichts.

»Dat hat da drinnen geklopft, dat bilde ich mir nich ein.« Die schwerhörige Frau Ahlbeck ist nicht davon abzubringen. Auch wenn Nicole nichts gehört hat, will sie den Kofferraum des »i-flow« doch lieber einmal öffnen.

Mit ein paar beherzten Handgriffen hat Mike den Kofferraumdeckel aufgehebelt. Der weiße Deckel klappt langsam hoch. Letzte Schneereste gleiten vom Blech. Und dann starren alle entsetzt in den Kofferraum.

»Um Gottes willen!« Nicole wird schlagartig blass.

»Ich glaub es nich!« Der Gerichtsmediziner ist ja allerlei gewöhnt, aber das verschlägt ihm fast die Sprache.

»Ich hab dat gleich gesagt.« Oma Ahlbeck fühlt sich bestätigt. »Da is jemand im Kofferraum.«

»Wenn das so weitergeht, wird es langsam eng in unserem Kombi.« Börnsen will schon den nächsten Leichensack holen, als sich Carstensen immer intensiver über den im Kofferraum zusammengekauerten Polizeianwärter beugt, der ein ganz leises Keuchen von sich gibt. Nicole hält sich ihren Bauch. Ihre Gesichtsfarbe wird immer bleicher, unter der Fellmütze bricht ihr der Schweiß aus.

»Der lebt noch«, brummt der Gerichtsmediziner. »Na ja, soweit man das noch Leben nennen kann. Das ist ein äußerst kritischer Zustand.« Carstensen richtet sich wieder auf und erwacht von einem Augenblick zum anderen aus seiner Lethargie. »Börnsen, Notarztwagen, schnell!«, weist er den KTU-Mann an, dann wendet er sich an Nicole. »Wie heißt der Kollege noch gleich?«

»Ole Matthiesen«, antwortet sie.

»Herr Matthiesen! Ole!«, spricht er ihn laut an. »Können Sie mich hören?«

Der junge Polizist schlägt kurz die Augen auf, aber dann verdreht er sie auch schon wieder. Seine Pupillen wirken starr und reagieren auch nicht auf die Taschenlampe, mit der Carstensen ihm in die Augen leuchtet. Er wirkt vollkommen benommen.

»Schussverletzung?«, fragt Nicole.

»Sieht so aus.« Carstensen beginnt vorsichtig mit Untersuchungen. »Er hat am Oberarm eine Blutung. Aber das größere Problem ist die Kälte … Herr Matthiesen! Herr Matthiesen!«

»Können Sie den jungen Mann nich erst mal aus dem Kofferraum rausholen?«, schlägt Oma Ahlbeck vor.

»Bei einer Unterkühlung müssen wir sehr aufpassen. Wir dürfen ihn nur vorsichtig bewegen. Bei zu rascher Umlagerung kann der sogenannte Bergungstod eintreten. Dann kollabiert der Kreislauf.« Carstensen sieht sich die Wunde am Oberarm an.

»Notarztwagen ist unterwegs«, ruft Börnsen aus seinem Einsatzfahrzeug heraus. »Dauert ein paar Minuten von Husum rüber, grad bei dem Wetter.«

»Mike, gib mir zwei Decken rüber.« Der Polizeianwärter gibt ein Stöhnen von sich. »Ole, versuch ruhig zu atmen. Wir sind bei dir, ich bin Arzt, und der Unfallwagen kommt gleich.« Dann schneidet er vorsichtig den Ärmel der dicken Polizeijacke auf, darunter kommt schwarze ungewöhnlich dicke Thermounterwäsche zum Vorschein. Am Arm ist der Stoff zerrissen. Carstensen zückt die Schere aus seinem Arztkoffer und schneidet den Stoff um die Wunde herum auf.

»Das sieht mir eher nach einem Streifschuss aus«, brummt der Arzt. »Ich kann hier kein Projektil entdecken.«

»Ich glaub, der junge Mann is schon wieder bewusstlos«, raunt Frau Ahlbeck ihrem Bekannten zu.

»Er kommt gleich wieder zu sich«, versichert Carstensen. »Ich hoffe, er hat noch eine Chance.« So ganz überzeugt klingt es allerdings nicht. Während Börnsen den Körper des Verletzten mit Wolldecken bedeckt, untersucht ihn der Arzt weiter.

Nach einer Weile heult weit aus der Ferne von der Bundesstraße Richtung Süden kurz ein Martinshorn. Dann ist am Horizont das Schimmern eines Blaulichts zu sehen.

»Der Einsatzwagen ist aber wirklich fix.« Kurschatten Kurt nickt anerkennend.

Während der Notarztwagen näherkommt, ist Carstensen in Oles Thermounterwäsche fündig geworden. In dem dicken festen Material steckt das Projektil.

»Ist das eure neue Dienstunterwäsche? Wirkt ja fast wie 'ne schusssichere Weste. Das Projektil hat ihn auch gar nicht richtig getroffen. Nach einem großen Blutverlust sieht das nicht aus. Aber die Unterkühlung …« Er schüttelt zweifelnd den Kopf, zupft die Kugel aus dem schwarzen Gewebe und begutachtet sie, ehe er sie in das Tütchen fallen lässt, das Börnsen ihm hinhält. »Neun Millimeter … das passt zu dem Projektil unseres Landmaschinen-Freundes.«

Alle sind hellwach. Nur Nicole sieht müde aus. Sie will unbedingt nach Hause.

45

Die Fahrgäste drängen sich in das Fahrradabteil. Es ist schummrig. Der Strom ist immer noch ausgefallen. Einige haben eine Kerze dabei, andere die Taschenlampe ihres Smartphones eingeschaltet. Thies hatte noch versucht, die Vollversammlung im Nord-Ostsee-Express zu stoppen oder zumindest zu verschieben, bis sie mit ihren Erkenntnissen ein bisschen weiter sind. Aber der Französischlehrer war von seinem Vorhaben überhaupt nicht abzubringen. Jean-Pierre Picon hat alle ins Fahrradabteil zitiert.

»*Mesdames et Messieurs*, wir 'aben uns hier versammelt, um den Tod einer gewissen Agathe Christiansen zu untersuchen«, setzt Picon mit großer Geste an. »Es gibt für den Mord verschiedene möglische Lösungen, die isch Ihnen jetzt vorstellen werde. Und dann mag unser *gendarme* aus Fredenbüll, Monsieur Detlefsen, entscheiden, welsche davon die rischtige ist.«

Picon, auch zu später Stunde im makellos sitzenden dunklen Anzug und mit Pomade im Haar, trägt den gesuchten roten Morgenrock über dem Arm. Wie er und Thies eben festgestellt haben, ist an der Schulter eine Naht eingerissen, außerdem fehlten der Gürtel, den einige Zeugen beschrieben haben, und der zweite Knopf von oben. Die auf dem Mantel vorhandenen Knöpfe passen exakt zu dem Exemplar, das sie in der Hand der Toten gefunden hatten.

Fast alle aus der Reisegruppe haben bereits auf den Klappsitzen Platz genommen. Die Lateinlehrerin hat Thies provisorisch auf die Schnelle mit einer Decke abgehängt. In den Gesichtern der versammelten Fahrgäste spiegelt sich eine Mischung aus Müdigkeit und Überdrehtheit, Empörung und blankem Entsetzen.

»Herr Detlefsen, was soll das für eine Veranstaltung werden?«, echauffiert sich Angelica Müller-Siemsen. »Mitten in der Nacht hier zusammen mit Frau Christiansen, das ist doch eine Zumutung!«

»Angelica, lass doch mal, die Herren werden sich schon etwas dabei gedacht haben«, will der Professor seine Frau beruhigen.

»Lassen Sie uns teilhaben an der großen Weisheit von Monsieur Picon.« Onno von Rissen dreht den Hals im engen Hemdkragen.

»Gruppendynamische Sitzung zu später Stunde?«, grient Bounty und Giselle kichert in sich hinein. Beide sind dank des Bordeaux in bester Laune. Aber dann wirft Giselle gleich einen verschämten Blick auf die notdürftig verhüllte Agathe.

»Ja, meine Idee war dat jetzt … nich unbedingt.« Thies klingt kleinlaut.

»Was soll ich hier eigentlich?!«, schreit Frau Ignatowski, die von Huberta von Rissen in den Fahrradwaggon geführt und auf einem der Klappsitze platziert wurde, laut durch den ganzen Wagen. »Ist das hier der Speisewagen? Wohl kaum!« Sie dreht den Schildkrötenhals und wirft einen Blick in die Runde. »Was macht denn dieser Franzose da mit meinem Morgenrock?«

»Belgier!«, ruft Heike dazwischen.

»Ist da ein Riss im Stoff und wo ist überhaupt der Gürtel mit den chinesischen Applikationen?« Frau Ignatowski ist schwerhörig, aber sie sieht noch ausgezeichnet. »Wären Sie so freundlich, mir meinen Kimono wieder auszuhändigen!«

»Der is erst mal beschlagnahmt«, stellt Thies klar. »Den muss sich erst mal die Spusi angucken.«

»Was ist das nur für ein Spektakel mitten in der Nacht?«, kräht die Gräfin durch das Abteil.

»Polizeihauptmeister Detlefsen und unser Reiseleiter Monsieur Picon haben wohl Neuigkeiten für uns«, schreit Huberta der russischen Gräfin fast genauso laut ins Ohr.

»Hätte das nicht bis morgen früh Zeit gehabt?«, poltert Onno von Rissen dazwischen.

»Morgen früh sind wir vielleicht schon fast in Paris.« Heike hat den Schock über den Fund des roten Morgenrocks überwunden und ist voller Hoffnung.

Zwischendurch huscht Perserkater Fjodor einmal durch den Waggon, zupft ein Weilchen vergeblich an der Persenning der toten Agathe und verdrückt sich dann misslaunig fauchend Richtung Schaffner-Kabine. Angelica Müller-Siemsen muss sofort niesen und ist sowieso verschnupft. Die versammelte Reisegesellschaft wirkt verärgert. Insbesondere Onno von Rissen und Lady Curzon sind alles andere als amused.

Die Paris-Reisenden sind mittlerweile vollzählig erschienen. Auch Daniel Koop, der immer noch auf der Suche nach seinem Handy ist, hat sich etwas verspätet in dem Fahrradabteil eingefunden. Nur Frau Lundius-Schmale, der große Schweiger in der karierten Winterjacke und Schaffner Dennis Wiese sind bisher nicht erschienen. Sind dies die Hauptverdächtigen, diejenigen, die schon bei der Abfahrt den Zug erst in letzter Sekunde erreichten und sich jetzt wieder drücken? Dennis Wiese, Daniel Koop, Frau Lundius-Schmale und der karierte Schweiger? Thies macht sich so seine eigenen Gedanken.

Monsieur Picon ist derweil nicht mehr zu bremsen und will loslegen. Die leichte Unruhe in der Gruppe erstirbt sofort, als er sich erhebt und mitten in das Abteil zwischen die Reisenden stellt, als wolle er zu einer Führung durch den Louvre starten. Doch jetzt geht es um Wichtigeres. Jean-Pierre Picon hat sich fest vorgenommen, heute Nacht den Mörder von Agathe Christiansen zu präsentieren.

»Isch bedaure zutiefst, dass wir Sie noch einmal belästigen müssen.« Picon räuspert sich. Thies runzelt die Stirn. »Sie können mir glauben, wir werden das Äußerste tun, um der Gereschtischkeit zum Sieg zu verhelfen.«

»Das muss ja aber vielleicht nicht um Mitternacht sein. Wer leitet denn hier die Ermittlungen?«, bellt von Rissen dazwischen.

»Wer schon? Thies, natürlich.« Heike hat rote Wangen

bekommen und ihr Heuwagen ist zu später Stunde mal wieder vollkommen aus der Fasson geraten.

»Selbstverständlich. Ich habe nur die Ehre, Monsieur Polizei'auptmeister bei seinen Ermittlungen zu unterstützen.« Picon zwirbelt mit abgespreiztem kleinem Finger sein Bärtchen.

»Thies, ist doch gar nicht schlecht, dass du statt Nicole mal 'n anderen Partner hast«, raunt Heike ihm zu. Die innige Zusammenarbeit ihres Gatten mit der blonden Kommissarin war ihr ja von Anfang an ein Dorn im Auge. Bounty muss grinsen. Thies ist die ganze Situation peinlich. Picon dagegen genießt seine Rolle.

»Isch glaube, wir sind jetzt alle versammelt.« Picon will endlich zu seinen Ausführungen ansetzen.

»Der Mann und die einzelne Dame aus Wagen Zwei fehlen noch, außerdem der Schaffner«, ergänzt Thies. »Kommen bestimmt gleich noch.« So recht mag er den Sinn der ganzen Veranstaltung immer noch nicht einsehen.

»Der oder die Täter, wie isch ausdrücklich betonen möchte, 'aben zahlreiche 'inweise 'interlassen«, fährt Picon unbeirrt fort. »Wir 'aben eine Fahrkarte am Tatort gefunden, eine Knopf, eine Bonbonpapier von eine dänische Lakritz …« In diesem Moment starren alle den HNO-Professor an. »Wir beobachten überall die weißen 'aare von Kater Fjodor.«

»Kein Wunder«, blökt der Dorfadlige von Rissen mit schwerer Zunge. »Das Viech fusselt ja wie eine alte Wolljacke.«

»Onno, bitte!«, raunt Huberta mit Blick auf ihre Freundin, die russische Gräfin.

»Wenn wir alle die weißen Katzenhaare an unserer Kleidung haben …«, Angelica Müller-Siemsen starrt die weißen Fussel auf den Hosenbeinen ihres Mannes und dann Onno von Rissens und Bountys Hose und Giselles neue Sneakers an, »… danach müssten wir alle die Mörder von Agathe Christiansen sein. Eine abstruse Idee!« Sie niest demonstrativ in ihr Taschentuch.

»Nischt ganz so abwegig, *Madame.*« Picon streicht sich mit der Hand über die Pomadenfrisur. »Da kommen wir der Lösung des Falles schon ein ganzes Stück näher.« Er macht eine bedeutsame Pause. »Sie 'aben alle ein Motiv. Jeder hat eine offene Rechnung mit Agathe Christiansen. Und dabei 'andelt es sich um 'ohe Reschnungen. Es geht um Erpressung, um ver'inderte Karrieren, fast eine Suizid und eine ermordete Katze.« Picon macht eine betrübte Miene.

»Das ist nun wirklich absurd«, schimpft Onno von Rissen.

»Ist tatsächlich eine gewagte These. Mir zumindest war die Dame vorher unbekannt«, bekennt Giselle.

»Und ich hab nich mal das kleine Latinum.« Bounty können Picons Ausführungen wenig beeindrucken.

»Weil sie Tadje mal beim Schummeln erwischt hat, erdrossele ich sie doch nicht gleich«, protestiert Heike. Thies weiß gerade gar nicht, was er sagen soll.

»Meine 'errschaften, beruhigen Sie sich.« Picon hebt beide Hände.

Doch die Paris-Reisenden protestieren. Als es in der Gruppe gerade wieder etwas ruhiger wird, schallt auf einmal ein Schrei aus dem nächsten Waggon in das Fahrradabteil hinüber. Durch die Entfernung und die Waggontür dazwischen gedämpft, trotzdem schrill und schneidend. »Hiiiilfeee!« Und dann wird der Schrei abgewürgt.

46

Thies stürmt sofort in die beiden Waggons, in denen die Passagiere eigentlich sitzen. Auf dem Weg hört er mehrmals ein Schreien, das immer wieder erstickt. Und dann hört und spürt der Fredenbüller Polizeihauptmeister plötzlich ein Brummen, das den ganzen Waggon, den gesamten Zug erfasst. Die Beleuchtung auf dem Gang flackert kurz auf, einen Moment ist es wieder dunkel, dann geht das Licht überall an. Die Elektrizität ist wieder da. Thies wird fast geblendet, während er durch den Übergang von einem Waggon zum anderen hetzt. Ein Ruckeln geht durch den Wagen, und dann fährt der Zug. Thies kann es gar nicht fassen. Aber zum Überlegen kommt er nicht. Die unterdrückten Schreie kommen immer näher. Es ist eine Mischung aus Schreien, Stöhnen und Würgen. »Hiiilfeeee!« Und dann stoppt der Zug wieder mit einem Ruck, dass er fast stolpert. Das Licht flackert und erlischt wieder. Für einen Moment kann er nichts sehen.

Thies hat jetzt den Wagen Zwei erreicht. Er stürmt den Gang entlang. Die Abteile sind nicht besetzt. Zumindest liegen keine Gepäckstücke oder Kleidung herum. Er läuft an einer offenen Abteiltür vorbei. Das erstickte Stöhnen ist jetzt ganz nah. Und mit einem Mal geht ein fast ungebremster markerschütternder Schrei durch den Zug.

»Hiiiilfeeeee!!«

Aus den Augenwinkeln sieht er in einem weiteren Abteil einen Rucksack liegen. Das sind, wenn er es richtig erinnert, die Sachen des ehemaligen Schülers Daniel Koop. Das nächste Abteil müsste das des Mannes in der karierten Jacke sein. Auch hier hält sich niemand auf, und es liegt auch nichts herum. Aus dem nächsten Abteil kommen die Hilfeschreie, das meint Thies deutlich zu hören. Die Tür steht offen, so viel kann er auch in der Dunkelheit erkennen.

Als er sie erreicht und in das Abteil sehen will, wird er sofort überrannt. Er weiß überhaupt nicht, wie ihm geschieht. Er sieht nur das karierte Muster der Winterjacke vor seinen Augen und hört die Schreie einer Frau. Ehe er die Situation begreifen und reagieren kann, wird er von dem Typen mit der karierten Jacke umgestoßen. Thies landet an der Außenwand des Ganges, sein Kopf schlägt auf den Fensterrahmen. Als er gleich wieder aufstehen will, versetzt der Typ ihm einen weiteren Stoß. Das Schreien der Frau in dem Abteil geht in lautes Wimmern über. Und dann sieht er den Mann in der karierten Jacke mit polternden Schritten den Gang des Waggons hinunterlaufen, wobei ihm ein Sudoku-Heft aus der Jackentasche fliegt.

Thies rappelt sich auf. Als er steht, spürt er ein Dröhnen im Kopf. Er weiß gar nicht, was er zuerst tun soll. Er muss den Mann verfolgen. Aber zunächst eilt er zu der Frau. Sonja Lundius-Schmale kauert schwer atmend in dem abgewetzten Kunstsamt. Ihre Augen sind vor

Schreck geweitet, so viel kann Thies in dem schummrigen Licht erkennen. Der Hals der »Schmale Electric«-Chefin ist immer noch halb mit einem Band oder Tuch zugeschnürt. Die Frau zerrt verzweifelt daran und japst nach Luft. Thies kommt ihr sofort zu Hilfe und löst die Schlinge, die fest um ihren Hals gezogen ist. Sie bekommt auf Anhieb besser Luft. Aber sie atmet immer noch schwer. Sie gibt ein langgezogenes, lautes Stöhnen von sich.

»Sie sind offenbar bei Bewusstsein?« Thies merkt selbst, wie unsinnig die Feststellung ist. »Haben Sie Schmerzen?«

»Er hat versucht, mich zu erdrosseln«, stammelt Sonja.

»Aber jetzt bin ich ja da«, versucht der Polizeihauptmeister sie zu beruhigen. Er hält jetzt trotz der Dunkelheit das gelbgolden schillernde Textil in der Hand. Das ist ein Gürtel, und zwar nicht irgendein beliebiger Gürtel. Er gehört eindeutig zu diesem Kimono der russischen Gräfin, den Heike eben in ihrem Gepäck gefunden hat. Thies ist sich ganz sicher. Er starrt auf die chinesischen Ornamente des Gürtels. In Thies' Kopf geht in diesem Moment alles durcheinander. Er muss sich um Frau Lundius-Schmale kümmern und gleichzeitig muss er den Täter verfolgen.

In dem Moment tauchen Heike, Bounty und Schaffner Dennis Wiese mit einer Taschenlampe vor dem Abteil auf.

»Meiiiine Güte, wat is mit ihr denn passiert?« Heike ist ganz von den Socken.

»Sie lebt«, ruft Thies den dreien zu. »Kümmert euch mal um sie. Ich muss die Verfolgung aufnehmen. Der Mörder ist da runter.« Thies zeigt den Gang hinunter.

»Wieso Mörder, ich denk, sie lebt noch«, stellt Heike treffend fest.

»Ja, ich mein, der Täter«, berichtigt sich Thies.

»Wer ist denn der Täter?«, will Bounty gleich wissen.

In dem Moment flackert die Innenbeleuchtung wieder auf. Das Brummen bringt den Wagen in Vibration und dann setzt sich der Zug in Bewegung. Langsam zunächst, aber diesmal stoppt er nicht gleich wieder.

»Der Typ in der Holzfällerjacke, Blaschek!«, ruft Thies, während er hinter ihm her den Gang hinunterläuft. Dabei geht ihm alles Mögliche durch den Kopf. Wieso wollte Blaschek die Chefin der Landmaschinenfirma umbringen? Was haben die beiden miteinander zu tun? Hat Blaschek auch die Lateinlehrerin Agathe Christiansen umgebracht? Der Gürtel mit dem chinesischen Dekor gehört eindeutig zu dem roten Morgenrock, der bei dem Mord an der Lateinlehrerin eine Rolle spielt, und der einzelne Knopf am Tatort ebenfalls. Zu weiteren Überlegungen kommt Thies nicht. Aus den Augenwinkeln kann er erkennen, dass der Zug fährt. Oder kommt es ihm im Laufen nur so vor? Der Zug schaukelt hin und her, dass er im Vorbeilaufen gegen eine Abteiltür stößt.

Am Ende des Waggons hetzt er an dem defekten WC von Waggon Zwei vorbei und steht dann vor der offenen Waggontür. Von Dankert Blaschek keine Spur. Wo ist er hin? Und dann sieht er die karierte Jacke vielleicht zwanzig Meter hinter dem Zug die Böschung durch den Schnee hinaufklettern. Thies steht schon auf der stählernen Treppenstufe und will gerade von dem fahrenden Zug springen, um die Verfolgung des Täters aufzunehmen. Aber dann zögert er intuitiv. Er hat keine Waffe dabei und seine warme Jacke hat Heike ihm auch nicht gebracht. Irgendwie werden sie Blaschek hier in der weiten Landschaft schon zu fassen kriegen. Typischer Fall für ’ne Ringfahndung, denkt der Fredenbüller Dorfpolizist.

47

So lange hat »De Hidde Kist« noch nie geöffnet gehabt. Mitten in der Nacht hält Antje die Stellung. Ihre Stammgäste stehen ihr bei. Der Imbiss ist mal wieder zur inoffiziellen Einsatzzentrale geworden.

»Vielleicht muss ich ja noch mal Schnittchen für den Nord-Ostsee-Express machen.« Antje steht bereit.

Klaas und Piet Paulsen sind aus Solidarität dageblieben und haben sich das eine oder andere Bierchen genehmigt. Der Schimmelreiter sitzt als Fahrbereitschaft vor dem »Explosion Compact« und wirft in regelmäßigem Abstand Zwanzigcentmünzen in den Daddelautomaten, der prompt sein »Dadadüdüdüda« von sich gibt.

»Wenn sie den Express freigeschaufelt haben und die Passagiere evakuieren, sind wir zur Stelle.« Hauke Schröder hat eine vollkommen neue Aufgabe entdeckt.

»Evakuieren?« Paulsen ist skeptisch. »Aber ›De Hidde Kist‹ ist kein Auffanglager. Zwischen den beiden Stehtischen is kein Platz für 'ne ganze Reisegruppe.«

»Piet, die wollen doch nich in 'nen Imbiss, die wollen nach Paris«, stellt Klaas klar.

»Bei Thies bin ich mir da nich so sicher.« Piet sieht über seine Gleitsichtbrille zum Eingang des Imbisses.

Der Opel von Kurschatten Kurt fährt vor. Oma Ahlbeck ist natürlich dabei und auch Nicole, die momentan ohne Auto ist. Ihren Zivil-Mondeo hat Niggemeier eben genommen, und der soll sie jetzt aus der »Hidden Kist« abholen. Aber vorher braucht Nicole unbedingt noch eine kleine Stärkung zur Nacht. Der Anblick des halberfrorenen Kollegen im Kofferraum konnte ihrem Heißhunger auf Fischbrötchen nichts anhaben.

Während Antje gleich Brötchen mit Bismarckhering, Zwiebeln und Gurken belegt, erzählt Oma Ahlbeck der Imbissbelegschaft von dem dramatischen Fund des jungen Polizeianwärters im Kofferraum des E-Autos.

»Der junge Mann war prrraktisch wie eingefrrroren!«, posaunt die Mutter des Bürgermeisters durch den Imbiss. »Zusammengedrückt wie Gefriergut in der Kühltruhe. 'n Wunder, dat er überhaupt noch lebt.«

»Na, wir wollen mal hoffen.« Kurt ist noch nicht so sicher.

Die Kommissarin hat währenddessen die Kollegen Carstensen und Börnsen am Telefon. Sie haben den jungen Ole Matthiesen gerade im Nordseeklinikum in Husum abgeliefert, und Carstensen hat offenbar schon mit dem Kollegen gesprochen.

Nicole hört mit ernstem Gesicht zu. »Herz-Lungen-Bypass?« Mehr sagt sie nicht. »Sie haben ihm vorsichtshalber gleich einen Herz-Lungen-Bypass gelegt, um einen Herzstillstand zu verhindern«, flüstert sie den anderen zu.

»Bypass? Hattest du doch auch damals, als wir uns in

Bad Orb kennengelernt haben.« Frau Ahlbeck nickt ihrem Kurschatten zu. Sie wirkt fast erleichtert.

»Pst«, ermahnt Klaas sie.

Aber dann hat die Kommissarin das Gespräch auch schon beendet. »Die Schusswunde ist wohl nicht das Problem. Es ist vor allem die schwere Unterkühlung, mit der er zu kämpfen hat. Er ist noch nicht über den Berg, aber wieder konstant bei Bewusstsein.«

Die Mienen der Imbissgäste hellen sich auf.

»Das hat er Ihnen zu verdanken«, wendet sich Nicole an Frau Ahlbeck und ihren Freund Kurt. »Wenn Sie beide nicht gewesen wären … Ich mag gar nicht daran denken.«

»Im Grunde genommen hat ihr junger Kollege dat den Goldpfeifern zu verdanken«, meint Oma Ahlbeck. »Ohne die Goldpfeifer wären wir ja gar nich los. Gestern den Mord im Einundzwanzig-Uhr-fünfzig hätten wir doch auch nich mitgekriegt.«

»Ja, das war Glück«, findet Kurt. »Das ist ja das Spannende an der Naturfotografie. Man entdeckt immer wieder überraschende Motive.«

48

Die Imbissrunde ist in angeregter Diskussion, als alle plötzlich einen gedämpften und trotzdem schrill scheppernden Klingelton eines Handys wahrnehmen. Wamm-wamm-wamm-diu-diu-diu-diu! Er kommt aus dem Inneren von Nicoles Umhängetasche.

»Scheiße, wie geil is dat denn?!«, meldet sich der Schimmelreiter, der die ganze Zeit stumm danebengesessen hat.

»Das ist das Handy von vorhin aus dem Auto«, bemerkt Kurschatten Kurt.

»Nee, dat is ›Paranoid‹ von Black Sabbath.« Der Schimmelreiter intoniert zur Luftgitarre die nächsten Akkorde.

Die Kommissarin zieht mit spitzen Fingern eine Cellophantüte mit dem lärmenden Handy darin aus ihrer Tasche. »Och, Mann, darf doch nicht wahr sein, das sollte mit in die KTU. Wieso hab ich das hier noch in der Tasche?«

Hastig fummelt sie das Telefon aus dem Tütchen. Als sie es in der Hand hält und den grünen Button wischt, verstummen Black Sabbath. Am anderen Ende meint sie ein Geräusch zu hören. Sie gibt ein bewusst nuschelndes »Ja« von sich.

»Wo steckst du?«, brummt jemand am anderen Ende der Leitung. »Bin jetzt aus dem Zug raus.«

»Hallo!«, meldet Nicole sich jetzt deutlicher. »Wer ist denn da?« Doch dann bricht die Verbindung sofort ab.

Seltsam, wer war das da am anderen Ende, und vor allem, wem gehört dieses Handy? Hat sein Besitzer den armen Ole angeschossen und in den Kofferraum gesperrt? Wem gehört die Waffe? Ist das wirklich Lundius' Waffe? Kann er Ole überhaupt angeschossen haben? Das macht alles keinen Sinn. Heute Nacht kommt sie mit dem Fall sicher nicht weiter. Sie ist todmüde. Nur noch schnell ihr Fischbrötchen essen, dann soll Niggi sie rasch abholen, und dann will sie nur noch schlafen. Schließlich ist sie im achten Monat.

Antje packt ihr gerade den neu kreierten »Heringsburger Parisienne« ein, als schon wieder ein Handy klingelt. Diesmal kein ›Paranoid‹, sondern Nicoles eigenes Smartphone. Jetzt ist Thies dran, und er ist vollkommen aufgeregt.

»Nicole, der Fall is gelöst, aber der Täter is flüchtig«, schallt es aus dem laut gestellten Handy. »Da muss ganz schnell 'ne Ringfahndung raus.«

»Der Mörder, den wir gestern in dem vorbeifahrenden Zug gesehen haben.« Ausnahmsweise flüstert Oma Ahlbeck es ihrem Bekannten zu.

»Ringfahndung?« Die Kommissarin hat noch gar nicht ganz begriffen, was ihr Kollege da sagt.

»Nicole, wo bist du im Augenblick überhaupt?«

»Momentan noch in der ›Hidden Kist‹.«

»Ach so, ja.« Thies tut so, als wäre es die selbstverständlichste Sache der Welt, dass der Imbiss mitten in der Nacht besetzt ist. »Und Oma Ahlbeck ist bei den Ermittlungen ganz vorne dabei, oder wie seh ich das?«

»Was ist überhaupt passiert?«, will die Kommissarin jetzt wissen. »Und wieso hast du auf einmal wieder ein Netz?«

»Wir fahren wieder, und im letzten Moment ist der Täter, ein gewisser Dankert Blaschek, noch vom Zug gesprungen.«

»Ich glaub, mit dem hab ich gerade telefoniert«, überlegt Nicole.

»Er hat eben versucht, Frau Lundius-Schmale zu erdrosseln«, sprudelt es weiter aus Thies heraus.« Du weißt schon, die Tochter von dem alten Schmale.«

»Was sagst du da? Schmale-Lundius?« Nicole ist auf einmal wieder hellwach, und die Imbissrunde verstummt.

»Schmale-Lundius, genau«, bestätigt Thies aus dem laut gestellten Handy.

»Die is jetzt Chefin bei Schmale«, stellt der ehemalige Landmaschinenvertreter Piet Paulsen klar.

»Das gibt's doch nicht.« Nicole ist elektrisiert. »Wir haben ihren Mann gerade tot aufgefunden.«

»Am Steuer eines Elektrofahrzeugs«, ergänzt Kurschatten Kurt der Vollständigkeit halber.

»Ja, die stellen jetzt seit Kurzem alles auf Elektro um.« Paulsen winkt ab.

»Seltsam«, überlegt die Kommissarin. »Gibt's da einen Zusammenhang zwischen den beiden Taten?«

»Auf jeden Fall gibt es starke Hinweise, dass dieser Blaschek auch die Lateinlehrerin erdrosselt hat.«

»Und wo ist das Motiv?« So wach ist Nicole zumindest schon wieder.

»Ja, is schon komisch, er is eigentlich der Einzige, der kein Motiv hat. Ich mein, mal abgesehen von Heike, Bounty und Giselle. Aber so is dat, Mord kennt keine Logik.«

Die Kollegin kann sich über Thies' neue Leitsprüche nur wundern. Es fällt ihr schwer, ihre Gedanken zu sortieren. Die Erschöpfung gewinnt in ihr schon wieder die Oberhand.

»Wir müssen Frau Lundius-Schmale die traurige Nachricht vom Tod ihres Mannes überbringen«, fällt ihr noch ein. »Thies, magst du das übernehmen? Sie sitzt ja bei dir im Zug.«

»Nicole, dat is schlecht im Augenblick.« Thies überlegt. »Aber vielleicht kann Picon dat machen.«

»Wer, bitte? Picon?«

»Ja, dat is doch der Französischlehrer, der hat sich bei den Ermittlungen immer wieder eingeschaltet … dann kann er dat jetzt auch mal übernehmen. Denn ich muss erst mal sehen, dass ich die Lateinlehrerin aus dem Zug rausbekomm, die soll ja jetzt nich mehr weiter nach Paris gehen.« Thies klingt aufgeregt. »Und dann können wir beiden uns auf den Fall stürzen, genauere Umstände, Motive, Zusammenhänge. Eines sag ich dir, die Fälle gehören zusammen. Nur, wat hat die tote Lateinlehrerin mit allem zu tun?«

»Das werden wir dann morgen klären. Jetzt will ich erst mal nach Hause.«

»Nee, wir müssen sofort handeln«, geht Thies gleich dazwischen. »Der Täter ist flüchtig, und der Nord-Ostsee-Express fährt. Dat is alles in Bewegung. In 'ner Stunde sind wir in Elmshorn, in eineinhalb in Altona. Kann ich die Leute weiterfahren lassen?«

Nicole sagt im Augenblick gar nichts. Dafür ist Thies schwer in Schwung. »Husum sind wir durch. Nächste Station is Friedrichstadt, ich würd sagen, da steig ich aus. Muss mich nur einer abholen.«

»Alles klar, ich fahr gleich los.« Im Gegensatz zur Kommissarin ist der Schimmelreiter noch putzmunter. »Friedrichstadt Bahnhof, bin ich in 'ner halben Stunde. Wetter is kein Thema. Ich hab die breiten Allwetterpuschen drauf.«

49

Die Wunde im Gesicht will einfach nicht aufhören zu bluten. Inzwischen klebt das verkrustete Blut schon in dem Bartstrich über seiner Oberlippe. Eigentlich bräuchte er unbedingt einen Arzt. Aber er kann jetzt schlecht einen Krankenwagen rufen, und einen verschwiegenen Arzt für die Behandlung von Schusswunden kennt er in dieser gottverlassenen Gegend auch nicht. Inzwischen sitzt Kappe in dieser blöden Baubude neben der Baustelle, an der vermutlich eine Parkbucht oder Ausweichmöglichkeit entstehen soll. Mit dem beschissenen E-Auto hatte es ja schon Stunden gedauert, aber zu Fuß brauchte er eine Ewigkeit. Und jetzt hatte er auch noch mit diesem Scheißstreifschuss zu kämpfen. Die drei Packungen Papiertaschentücher, die in der Elektrokarre lagen, hat er längst aufgebraucht.

Kappe sitzt jetzt an dem Tisch in der Baubude. Durch das kleine Fenster scheint das Blinken einer Warnleuchte herein. Auf dem brüchigen Resopal der Tischplatte liegen die vollgebluteten Papiertaschentücher und daneben die Geldbündel aus dem Tresor der Landmaschinenfirma. Die Tür zu der Bude hatte er mit Hilfe einer Eisenstange aus der Baustellenabsperrung und zwei kräftigen Fußtritten gegen den Riegel geöffnet. Das Licht hatte er lieber nicht angemacht. Und auch den kleinen Bollerofen heizt er vorsichtshalber nicht ein. Er will auf keinen Fall entdeckt werden.

Kappe ist kalt und er hat einen Scheißdurst. Den Rest einer Seltersflasche hat er eben in sich hineingekippt. Er hatte das Gefühl, das Wasser würde in seiner Kehle augenblicklich verdampfen wie auf einem heißen Stein. Und dann hatte er eine halbvolle Bierflasche angesetzt und sofort einen aufgelösten Zigarettenstummel im Mund gehabt. Den Geschmack kann er gar nicht wieder loswerden. Fast hätte er sich übergeben müssen.

»Zum Kotzen ist das alles«, brummt er zu sich selbst, während er sich mit einem auf dem Tisch herumliegenden Lappen das Blut von der Wange tupft. Aber wenigstens hat es sich gelohnt. Er wirft einen Blick auf die gebündelten Geldscheine. Die ganze Nummer ist aus dem Ruder gelaufen. Aber bei dem Anblick hebt sich seine Laune gleich. Vielleicht sollte er das Geld hier nicht ganz so offen herumliegen lassen. Möglicherweise bekommt er ja doch noch unerwarteten Besuch an diesem lauschigen Ort. Und ob er diese Kohle mit Denny teilen will, ist er sich auch nicht mehr so sicher. Erst mal muss sein Kumpel überhaupt anrücken. Kappe wird immer wütender auf Denny.

Er sucht in der Bude nach einer Tüte oder etwas Ähnlichem. Hier liegt zwar allerlei Krempel herum, aber keine Verpackung für frische Geldscheine. Auf der Sitzbank findet er neben einem Paar alter Arbeitshandschuhe schließlich eine zerknitterte Brötchentüte oder Imbissverpackung. Ein paar Krümel und zwei Zwiebelringe rieseln heraus. Die Tüte riecht nach Fisch, aber nicht unangenehm. Kappe bekommt gleicht Appetit. Er streicht das beschichtete Papier glatt. »De Hidde Kist. Regionale Imbissspezialitäten aus Fredenbüll« steht auf der Verpackung. Regionale Spezialitäten, passt doch, denkt er. Er packt die Geldbündel in die Tüte, faltet sie zu einem großen Bündel und schnuppert noch mal dran. »Geld stinkt nicht, von wegen!«, brummelt er und deponiert es erst mal unauffällig auf der Holzbank, wo die Tüte eben schon gelegen hatte.

Eine Weile will er noch hierbleiben. Aber wenn Denny sich nicht bald meldet, macht er die Fliege. Er weiß noch nicht wie, aber dann ist er hier morgen weg. Wann kommt Denny endlich? Wo ist eigentlich sein Handy abgeblieben? Hat er das Scheißteil in der Scheißelektrokarre mit dem toten Bullen liegenlassen? Wo ist das Teil mit dem idiotischen Klingelton? Es darf nicht wahr sein. Können die Bullen ihnen durch das Handy auf die Spur kommen? Dennys Identität können sie rausbekommen, aber seine doch nicht. Er hat mit diesem Telefon nichts zu tun, und Dennys Telefon ist auch nur ein beknacktes Prepaidhandy.

Kappe starrt durch das kleine Fenster der Bude nach draußen. Ihm wird immer kälter, er hat Durst und Hunger. Wenigstens blutet seine Wunde im Augenblick nicht. Draußen ist nichts zu sehen, keine vorbeifahrenden Autos und Menschen erst recht nicht. Im Blinklicht der Warnleuchte ist eine Baumaschine zu erkennen. Oder ist das auch schon wieder ein landwirtschaftliches Gerät, ein Häcksler oder eine Art automatische Kreissäge. Von der angerosteten gelben Metalltrommel tropft der geschmolzene Schnee, sodass im Inneren jetzt ein gewaltiges Sägeblatt herausblitzt. Im aufleuchtenden Warnlicht meint er das Firmenschild »Schmale Landmaschinen« zu erkennen. So schließt sich der Kreis, brummt er in sich hinein. An der Baustelle halb im Graben liegen zwei gefällte Bäume, und aus dem Schnee lugt ein Haufen zersägtes Holz heraus. Vermutlich soll hier vor Ort alles gleich zu Brennholz verarbeitet werden.

Das regelmäßige Blinken der Warnleuchte schläfert Kappe ein. Es ist wie eine Hypnose. Doch dann schreckt ihn das Klingeln seines Handys auf. Tatsächlich, Denny ist dran.

»Verdammte Scheiße, warum meldest du dich nicht?!«, schnauzt er seinen Kumpel sofort an.

»Ja, was denn, ich hab versucht, mein eigenes Handy anzurufen, aber du nimmst ja nich ab«, blafft Denny zurück.

»Ja, scheiße, hab ich liegen lassen.« Kappe klingt kleinlaut.

»Und wer war die Lady, die abgenommen hat? Hast du dir jemand angelacht? Darf ja wohl nich wahr sein?«

»Verdammt, erzähl keinen Scheiß!«

»Du musst mich abholen«, kommt Denny zur Sache. »Ich steh hier mitten in der Walachei. Bin mitten auf der Strecke aus dem Zug raus, irgendwo zwischen Bredstedt und Friedrich… keine Ahnung.«

»Ich kann dich nich abholen. Ich hab kein Auto.«

»Und wo bist du mit der Elektrokiste von dem Landmaschinenfritzen hin?«

»Hab ich unauffällig im Wald stehen lassen. Oder meinst du, ich fahr hier tagelang mit ’nem toten Polizisten im Kofferraum durch die Gegend? Wat heißt hier fahren? Fahren tut die Kiste ja nich.« Kappe regt sich schon wieder so sehr auf, dass seine Wange zu bluten beginnt. »Außerdem hat dieses Arschloch mich angeschossen.«

Denny geht gar nicht darauf ein. »Scheiße, wir brauchen ein Auto. Wenn du mal wieder unfähig bist, dann muss ich uns eine Kiste besorgen.«

»Aber bitte diesmal keine Elektrokarre.«

50

Der Nord-Ostsee-Express rollt, und dann kommt, begleitet von Knacken, Knistern und Krachen, die Stimme des Schaffners aus den altersschwachen Lautsprechern.

»Mein Name ist Dennis Wiese, ich bin Ihr Zugbegleiter«, ruft er sich den Mitreisenden noch mal in Erinnerung. »In wenigen Minuten erreichen wir Friedrichstadt mit einer Verspätung von … ähh … ja, wie lange war dat? Weiß auch nich. Also mit 'n büschen Verspätung. Auch die Ankunftszeiten in Husum, Heide, Elmshorn und Pinneberg verzögern sich entsprechend. Die vorgesehenen Anschlussverbindungen ab Hamburg-Altona können nicht mehr erreicht werden.« Ein Knistergewitter aus den Lautsprechern instrumentalisiert die Situation. »Ja, weiß auch nich«, resümiert Dennis Wiese. »Müssen Sie in der Info in Altona mal nachfragen oder mal aufs Handy gucken.«

Frau Lundius-Schmale sitzt nach dem überstandenen Mordanschlag noch reichlich benommen in ihrem Abteil. HNO-Professor Müller-Siemsen kümmert sich um sie. Viele Fahrgäste sind trotz nächtlicher Stunde richtig aufgekratzt. Dass die Reise nach Paris endlich weitergeht, versetzt sie in Euphorie. Nur Gräfin Ignatowski ist vollkommen erschöpft, zugedeckt mit ihrem Nerzmantel, auf dem grünen Kunstsamt eingeschlummert. Perserkater Fjodor macht derweil eine nächtliche Patrouille über die Gänge der Waggons auf der Suche nach einem vergessenen Heringshappen.

Onno von Rissen verkostet mit Wein-Connaisseuse Giselle den letzten übrig gebliebenen Bordeaux. »Gnä' Frau, da müssen wir uns bis Altona ranhalten, hähä«, verkündet er im Casinoton und lacht meckernd. Giselle zwinkert ihm aus ihren grünen Augen zu. Bounty steht derweil rauchend im Gang am Fenster und verkostet die heimischen Gewächse aus seinem Kräutergarten.

Angelica Müller-Siemsen rezitiert aufgeregt noch mal die wichtigsten unregelmäßigen französischen Verben im *participe passé*. Französischlehrer Picon ist dagegen noch voll auf den Kriminalfall konzentriert. Er hält an seiner eigenen Theorie fest.

»Isch bleibe dabei, wir sollten uns von der Vorstellung lösen, dass wir es nur mit einem Täter zu tun 'aben.« Thies hört gar nicht mehr richtig hin. Er hat seinen Täter, den Flüchtigen in der karierten Jacke. Ein paar restliche Zweifel überkommen ihn zwischendurch, aber dafür ist jetzt keine Zeit. Er überlegt konzentriert, was als Nächstes zu tun ist.

Polizistengattin Heike wähnt sich dagegen schon halb in Paris. »Thies, dat is die Stadt der Liebe, is dir dat eigentlich klar?«

»Ja, Heike, dat nützt ja nu nix, ich hab 'n Mordfall zu lösen, wir haben es hier mit einem flüchtigen Täter zu tun, und sie hier muss ich auch noch aus der Bahn rausbekommen.« Der Fredenbüller Dorfpolizist, der schon in Jacke und mit Rucksack für den Ausstieg bereitsteht, deutet auf den großen unförmigen Sack neben sich. Schaffner Dennis Wiese hatte spontan eine große Fahrradtransporttasche mit der Aufschrift »Rad & Rail« parat, in der sie die tote Agathe verstaut haben. Er steckt den roten Kimono und das Mordwerkzeug, das Seidentuch, in seinen Rucksack.

»Monsieur Detlefsen, isch begleite Sie und unterstütze Sie gern weiter bei Ihren Ermittlungen«, flötet Jean-Pierre Picon dazwischen. Thies schweigt dazu. Und Heike ist entsetzt.

»Dat darf ja wohl nich wahr sein, wir haben Paris seit Monaten geplant.« Sie starrt ihren Gemahl konsterniert an.

»Der Mord war eventuell auch schon seit Längerem geplant.« Thies versucht seine Frau in den Arm zu nehmen, aber sie sträubt sich. »Heike, ich klär dat hier. Und wenn wir den Täter verhaftet haben, komm ich nach. Ich nehm dann gleich den nächsten Zug nach Paris, versprochen.«

»Thies, wenn du hier jetzt aussteigst, dann musst du gar nich mehr kommen«, prustet sie ihm entgegen. Ihr Gesicht ist knallrot, der blonde Heuwagen in Aufruhr. »Dann sind wir geschiedene Leute.«

»Heike, nu beruhig dich mal wieder, übermorgen oder so is dat immer noch die Stadt der Liebe, und die Mona Lisa werden sie auch nich gleich abhängen.«

Dann werden die Szenen einer Ehe von der Einfahrt des Nord-Ostsee-Expresses in den Bahnhof von Friedrichstadt abrupt unterbrochen.

»Nächster Halt Friedrichstadt. Der Ausstieg befindet sich links«, verkündet Dennis Wiese über Lautsprecher.

Der Zug hält. Thies will Heike zum Abschied einen Kuss auf den Mund drücken, aber die dreht sich beleidigt weg.

»Isch werde das Gefühl nicht los, dass isch Ihnen weiter zur Seite stehen sollte.« Monsieur Picon macht schon Anstalten, mit auszusteigen.

»Auf gar keinen Fall!« Da lässt der Fredenbüller Polizist überhaupt keine Zweifel aufkommen. »Sie haben schließlich Ihre Reisegruppe, um die Sie sich kümmern müssen.« Dann springt er aus der geöffneten Tür auf den immer noch verschneiten Bahnsteig. Der inzwischen matschige Schnee spritzt auf. Bounty und der rasch herbeigeeilte Dennis Wiese reichen ihm mit vereinten Kräften die »Rad & Rail«-Tasche mit Agathe aus dem Waggon herunter. Anschließend stellt Wiese schnell noch einen Karton mit fünfzehn Flaschen Eierlikör in die kleine Bahnhofshalle. Mehr ist von der Lieferung an die Friedrichstädter Landfrauen nicht übriggeblieben.

Dann rollt der Nord-Ostsee-Express wieder an und verlässt den nächtlichen Bahnhof Richtung Süden. Thies schlägt den Kragen seiner Jacke hoch und setzt die Fahrradtasche mit der Lateinlehrerin auf einen Kofferkuli. Plötzlich bemerkt er, dass er nicht als Einziger ausgestiegen ist. Aus einem Haufen Schneematsch heraus, auf den ersten Blick kaum erkennbar, starrt ihn Perserkater Fjodor provokant und unternehmungslustig mit großen Augen an.

51

»Lauschiges Plätzchen hast du dir hier ausgesucht.« Denny Blaschek verzieht keine Miene. Aber das ist nichts Besonderes. Denny verzieht nie eine Miene und er sagt normalerweise auch nicht viel. »Gibt's hier wenigstens was zu essen oder zu trinken? Außerdem ist das hier scheißkalt.« Er reibt sich die Hände an den Ärmeln seiner karierten Jacke.

»Hab ich hier 'n Imbiss, oder was?!«, blafft Kappe seinen Kumpel an. »Hier gibt's nichts zu trinken. Ich hab auch einen Scheißdurst.«

»Und was machen wir hier dann noch? Lass uns die Kohle nehmen und schnellstens abhauen. Ich hab uns 'n Auto organisiert.«

»Was denn für Kohle?« Kappe sieht ihn provozierend an und bleckt dabei seine schiefen Zähne.

»Unsere Kohle! Wo ist das Geld?« Jetzt baut sich Denny vor ihm auf.

»Es gibt keine Kohle, und du weißt ganz genau, warum!« Kappe wirkt nervös.

»Wieso? Hast du das Geld nich abgeholt? Ich hab dich angerufen, dass der Auftrag erledigt ist. Bist du da etwa nich hingefahren?« Es ist nicht zu erkennen, aber in ihm arbeitet es. »Oder willst du allein abkassieren?«

»Verdammt noch mal, ich war bei diesem Scheißlandmaschinenfritzen!« Kappe schreit inzwischen. »Der wollte von erledigtem Auftrag nichts wissen. Da war nichts erledigt, hat er behauptet.« Kappes Schusswunde an der Wange platzt wieder auf. »Scheißstreifschuss!« Er drückt sich ein bereits blutdurchtränktes Papiertaschentuch auf die Wunde. »Aber dieser Schlaumeier macht jetzt keine blöden Sprüche mehr.«

»Kappe, was redest du da? Was ist passiert?«

»Verdammte Scheiße, siehst du das nicht?« Er hält ihm demonstrativ das rote Taschentuch vor die Nase. »Er hat sich geweigert zu zahlen, er hat mich mit 'ner Knarre bedroht und mir das hier verpasst.«

»Was, verdammt noch mal, erzählst du da? Ich versteh kein Wort!« Dennys Gesichtsausdruck ist das überdeutlich anzusehen.

»Ja, Scheiße! Er hat mich angeschossen, und ich hab ihm auch 'ne Kugel verpasst.« Er verzieht den Mund mit dem dünnen Oberlippenbärtchen und zeigt seine Zähne.

»Statt die Kohle abzuholen, hast du den Typ erschossen? Und das soll ich dir glauben?!« Es sieht aus, als wolle Denny gleich auf Kappe losgehen.

»Und ich soll dir glauben, dass du unseren Auftrag erledigt hast?« In dem durch das Fenster hereinfallenden Blinklicht blitzen die vorstehenden Schneidezähne kurz auf.

»Ich hab die Frau kaltgestellt …«, Blaschek macht eine Pause, »… aber ich bin mir nich sicher.«

»Was heißt nich sicher? Ob sie das doch überlebt hat, oder was?«

»Ja, nee.« Denny Blaschek wirkt ungewöhnlich unsicher und ihm ist richtig kalt. »Kann sein, dass ich nich die Richtige erwischt hab … und dann musste ich auch sehen, dass ich den Abflug mach.«

Kappe starrt seinen Komplizen mit offenem Mund an.

»Und jetzt sollten wir hier auch mal den Abflug machen.« Denny hält es nicht mehr in der Baubude. »Ich hab uns schließlich 'n Auto organisiert.«

»Wir sollten noch mal 'n Augenblick abwarten«, gibt Kappe zu bedenken. »Sie sind hinter dir her und hinter mir auch. Vielleicht gibt es Straßensperren. Wir bleiben die Nacht, und dann im Morgengrauen …«

»'ne Nacht in dieser kalten Bude, was soll das bringen?« Denny Blaschek bibbert jetzt regelrecht vor Kälte. »Dann machen wir aber auf jeden Fall den Ofen hier an.« Er deutet auf den kleinen alten Bollerofen in einer Ecke der Baubude. Daneben stehen ein demolierter Pappkarton mit zersägten Holzscheiten, alten Zeitungen und ein Schürhaken mit einer rostigen, mit Asche bestäubten Spitze.

Und dann fällt Blascheks Blick auf die abgeschabte Bank und das darauf liegende Päckchen aus dem Imbiss.

»Was ist denn das hier?« Blaschek entziffert sofort die Aufschrift auf der Tüte. »De Hidde Kist?! Geil! Die haben auch eben im Zug die Fresspakete geliefert. Richtig lecker.«

»Lass liegen, da ist nichts drin«, will Kappe ihn zurückhalten und dann in schärferem Ton. »Verdammte Scheiße, lass das liegen!«

Aber da hat Blaschek das Päckchen schon in der Hand. »Riecht nach ...« Er schnuppert daran. »... Fischbrötchen. Wieso, is doch lecker.«

»Komm, lass das, gib her!« Kappe klingt ausgesprochen ungemütlich. Er will ihm die Imbisstüte aus der Hand nehmen.

»Deine eiserne Reserve, oder was?«

52

Als Thies mit Agathe auf dem Kofferkuli und Perserkater Fjodor unter dem Arm aus dem Bahnhof tritt, hört er in einiger Entfernung den vertrauten Sound des Mustang Modell King Cobra durch die Nacht röhren. Im nächsten Moment leuchtet eine ganze Batterie von Scheinwerfern auf. Der Oldtimer schlittert um die nächste Straßenecke und rutscht auf den breiten Allwetterreifen mit überhöhter Geschwindigkeit an dem leeren Taxistand vor, wobei dem Fredenbüller Polizeihauptmeister eine Ladung Schneematsch auf die Hose schwappt.

»Is schwer in Ordnung, dass du mich abholst«, brummt Thies.

»Alles klar.« Schimmelreiter Hauke Schröder macht keine großen Worte.

»Na ja, jetzt mitten in der Nacht.«

»Nützt ja nix. Bei Tobarben in der Teppichfirma haben wir auch keine geregelten Arbeitszeiten. Da müssen wir mit Verlegen auch schon mal nachts ran.« Währenddessen blickt der Schimmelreiter verwundert zwischen dem großen Fahrradsack und dem schmutzigen weißen Etwas unter dem Arm seines Imbisskumpels hin und her. »Wat hast du dir da denn angelacht?«

»Weiß auch nich.« Thies sieht nicht besonders glücklich aus. »Die Katze is mir irgendwie hinterhergelaufen.«

»'ne Katze soll dat sein?« Hauke begutachtet das Fellmonster näher. »Statt Heike jetzt 'n Haustier, oder wie seh ich die Sache? Na ja, Frisur ist ja ähnlich.«

»Hauke, hör bloß auf!« Der Polizeihauptmeister wirkt alles andere als entspannt.

»Hast ja ordentlich Gepäck dabei.« Der Schimmelreiter deutet auf die Tasche mit dem »Rad & Rail«-Aufdruck. »Wat hattest du in Paris denn vor? Tour de France, oder wat?«

»Nee, da hab ich die Lateinlehrerin von Telje und Tadje drin. Tod durch Erdrosseln.«

Hauke nickt. »Hab schon gehört. Denn wollen wir mal sehen, dass wir sie in 'n Kofferraum kriegen. Is beim Mustang größer, als man denkt.«

»Sie is 'n bisschen sperrig. Aber die Totenstarre löst sich gerade.«

Mit Mühe bringen die beiden die Tote im Kofferraum des King Cobra unter und steigen ins Auto. Den Kater deponiert Thies auf der Rückbank, die im Wesentlichen von zwei stattlichen Tausend-Watt-Boxen eingenommen wird.

»Pass auf, dass der hier nichts anknabbert oder zwischen die Boxen pisst«, sorgt sich der Schimmelreiter.

»Nee, ich glaub, der is stubenrein. Gehört so 'ner russischen Gräfin.« Er dreht sich zu dem Kater um, der bewegungslos auf der Rückbank hockt. »Aber die Mucke lass mal lieber aus. Sonst kriegt er noch ’n Schock. AC/DC is er bei der Gräfin vermutlich nich gewöhnt.«

Hauke schlittert vom Bahnhofsparkplatz Richtung Hauptstraße. »Wo soll’s denn hingehen? Nach Hause oder in ›De Hidde Kist‹?«, will Hauke wissen.

»›Hidde Kist‹? Um diese Zeit?« Thies wundert sich. »Antje hat doch längst Feierabend. Aber ich muss Nicole gleich mal anrufen.«

»Nee, Thies, die hat tatsächlich Feierabend. Nicole war echt fertig, auch wegen dem Baby. Sie is ja eigentlich schon halb in Mutterschutz. Deshalb hat Antje sie erst mal nach Hause geschickt, damit sie ’n büschen Schlaf kriegt.«

»Und jetzt is der Imbiss die Einsatzzentrale?« Thies staunt.

»Ja, wat sollten wir machen? Kommissariat in Husum is ja auch dicht um diese Zeit, und du warst in Paris … dat heißt, Paris war kurz hinter Bredstedt.«

»Und du hältst am ›Explosion Compact‹ die Stellung, oder wie muss ich mir dat vorstellen?«

»Nee, sind alle dageblieben zur Nachtschicht. Klaas und auch Piet. Ich hatte ihm angeboten, dass ich ihn schnell nach Hause fahr. Aber er wollte uns da nich allein sitzen lassen. Er hat sein Knie ’n büschen hochgelegt. Er meint, dann geht dat. Piet is ja hart im Nehmen.«

»Hat Nicole denn noch die Fahndung nach dem flüchtigen Täter rausgegeben?«, will Thies wissen.

»Dat hat Klaas übernommen, der is schließlich auch

Beamter.« Der Schimmelreiter tut so, als sei es die selbstverständlichste Sache der Welt.

Irgendwie hat Thies das Gefühl, dass man ihm den Fall schon wieder aus der Hand nehmen will. Erst der übermotivierte Französischlehrer und jetzt seine Fredenbüller.

Der King Cobra schlittert mit überhöhter Geschwindigkeit durch die friesische Nacht. Hauke muss das auf der rutschigen Fahrbahn ausbrechende Heck immer wieder auffangen. Der Schneematsch schlägt krachend und klöternd gegen das Innere der Schutzbleche und den Unterboden des tiefergelegten Oldtimers. Fjodor gibt ein wohliges Miauen von sich.

»Vor allem kreuzt Oma Ahlbeck mit ihrem Kurschatten immer wieder auf. Die hat den Mord angeblich ja beobachtet. Und dann hat sie Blut geleckt, kennst sie ja. Oma Ahlbeck ist mal wieder auf dem neuesten Stand der Ermittlungen.«

53

»Ich fass es nicht!« Denny Blaschek starrt auf das Geldbündel, das er eben aus der Imbisstüte gezogen hat und das jetzt auf dem zerschlissenen Resopaltisch liegt. »Du verdammtes Arschloch hast den Typ abkassiert. Du hast mich den Job machen lassen und willst jetzt allein die Kohle einstreichen.«

Auch Kappe stiert seinen Kumpel mit offenem Mund an. »Sollte 'ne Überraschung sein.« Er beißt sich mit den Schneidezähnen auf die Unterlippe.

»Die Überraschung ist dir gelungen.« Denny schreit nicht, aber seinem Blick ist anzusehen, dass er innerlich kocht. Kappe kennt seinen Kumpel. Wenn er so guckt, droht er gleich zu explodieren.

Beide sind übermüdet und gereizt. Kappe ist den ganzen letzten Tag durch diese gottverdammte öde Gegend geirrt, erst in dieser Elektrokiste und dann zu Fuß. Und Blaschek hatte in dem Nord-Ostsee-Express ebenfalls kein Auge zugetan. Außerdem ist er mächtig durchgefroren.

»Was ist auf einmal los mit dir?«, blafft Blaschek seinen Komplizen an. »Ich kapier es nich! Ich kapier es einfach nicht!« Er schubst Kappe ein Stück gegen den Bollerofen. »Wir haben bisher immer alles zusammen erledigt.

Und jetzt?« Er schlägt ihm mit der flachen Hand gegen die Schulter. Kappe hebt die Hände und grinst blöd. Körperlich ist er Denny hoffnungslos unterlegen. Blaschek ist der Organisator und der Fahrer, Denny der Mann fürs Grobe, er führt die Dinge aus.

»Du verdammtes Arschloch wolltest mich hier abziehen!« Blaschek geht seinem Komplizen jetzt an den Kragen.

»Ich hätte dir deinen Anteil schon noch ausgehändigt«, versucht Kappe ihn zu beschwichtigen.

»Und wieso liegt die Kohle dann da in der Imbisstüte versteckt? Ich lass mich von dir nich verarschen!« Denny wird jetzt richtig wütend. Kalt ist ihm plötzlich auch nicht mehr, er merkt deutlich, wie das Blut in seinen Kopf steigt. Seine Hände sind immer noch klamm, aber unter seiner Schädeldecke fühlt er es kochen. Er will gerade auf Kappe losgehen, als der ihm ausweicht. Viel Platz ist in der engen Baubude nicht. Kappe stolpert fast über die Bank, auf der eben noch die Imbisstüte lag. Und ganz plötzlich, wie aus dem Nichts, hat er eine Pistole in der Hand.

»Was ist das denn?«, brummt Blaschek. »Wo hast du die Knarre her? Ist das meine? Nee!«, beantwortet er sich die Frage selbst. »Wo hast du das Ding her?«

»Was interessiert dich das! Die hab ich dem Landmaschinenfritzen abgeknöpft«, kläfft Kappe.

»Und wo is meine Parabellum?« Denny kommt nicht ganz hinterher.

»Auf deine Waffe solltest du besser aufpassen. Dafür

hab ich ’ne andere Verwendung gefunden.« Er bleckt seine schiefen Zähne.

Wie betäubt stiert Denny in den Lauf der Glock. Auf der Suche nach einem Gegenstand zur Verteidigung greift er intuitiv hinter sich in den auf ein paar Holzscheiten stehenden Karton. Er weiß gar nicht, was er da zu fassen kriegt, er spürt nur das Metall in der Hand. Es ist der Schürhaken. Kappe hält weiter die Pistole auf Denny gerichtet. Ohne zu überlegen, schwingt dieser das Eisenteil, das mit der mit Asche bestäubten Spitze auf die Schläfe seines Kumpels Kappe zufliegt.

54

Der Nord-Ostsee-Express hastet durch die verschneite Nacht. Es wirkt fast so, als fahre er schneller als sonst, als wolle er die verlorene Zeit wieder einholen. Der Zug passiert die Bahnhöfe von Heide, Meldorf, Wilster und Itzehoe. Der Zug macht nur kurz halt. Keiner der Fahrgäste steigt aus, und es steigt auch keiner zu. Die Bahnsteige, auf denen die pappigen Schneereste inzwischen schmelzen, sind menschenleer.

Bevor sie die Station Elmshorn erreichen, wendet sich der Französischlehrer an Frau Lundius-Schmale, die den Zug hier angeblich verlassen will. Er fragt sie mehrmals eindringlich, ob sie nach dem Mordanschlag zurechtkomme oder ob er nicht doch lieber einen Krankenwagen rufen solle.

»Danke, nein, es geht ganz gut«, beteuert Sonja Lundius-Schmale. »Ich komme klar. Außerdem werde ich abgeholt. Zur Not kann ich auch meinen Mann anrufen, dass der mich abholt.«

Bei dieser Bemerkung hat Picon ganz plötzlich seine Selbstsicherheit verloren. Er erinnert sich an den Auftrag, den Thies ihm im letzten Moment erteilt hat, bevor er den Zug verließ.

»Isch fürschte, das wird nicht möglisch sein«, druckst

der Belgier kurz vor der Einfahrt des Zuges in Elmshorn herum.

»Es wird auch nicht nötig sein, ich werde von einem … ähh … Geschäftspartner abgeholt«, klärt Frau Lundius-Schmale ihn auf.

»Isch muss Ihnen eine traurige Mitteilung machen, Madame Lündius-Schmale.« Picon legt den Kopf schief, zupft nervös an seinem Menjou-Bärtchen und macht ein theatralisch betrübtes Gesicht. »Wir 'aben die Nachricht erhalten, dass Ihr Gemahl, Monsieur Lündius, mit einer Schussverletzung aufgefunden wurde …«

»Das kann nicht sein.« Sonja Lundius-Schmale sieht ihn ungläubig an.

»Ich bedaure, Madame, *mes condoléances*, mein 'erzlisches Beileid, aber wie es aussieht, hat Monsieur eine schrecklische Loch im Kopf.«

»Ein Loch im Kopf?«

»Soll ich nicht doch Bescheid geben, dass Sie medizinische oder auch psychologische Unterstützung er'alten in Elms'örn?«

»Nein, nein, es geht schon.« Sonja Lundius wirkt verblüfft, aber nicht wirklich erschüttert. Sie nimmt die Nachricht von der Ermordung ihres Mannes erstaunlich gefasst auf.

»Nächster Halt ist Elmshorn«, verkündet Schaffner Wiese. »Ausstieg links. Zurzeit keine weiteren Anschlüsse zu anderen Regionalbahnen.« Über die Lautsprecher ist deutlich ein tiefer Seufzer von Dennis Wiese zu hören. »Na ja, is ja spät geworden.«

Und dann steigt Sonja Lundius-Schmale aus dem Zug, als wäre nichts gewesen. Als hätte es eben keinen Mordanschlag auf sie gegeben, als hätte sie nicht gerade eben die Nachricht vom Tod ihres Mannes erhalten.

»Très étrange«, murmelt Monsieur Picon zu sich selbst und streicht sich mit abgespreiztem kleinem Finger über die glatten Haare. »Sehr seltsam.«

55

Als der Fredenbüller Dorfpolizist zusammen mit dem Schimmelreiter »De Hidde Kist« betritt, wird es sofort munter im Imbiss. Sogar Schäfermischling Susi und auch Piet Paulsen, der an Stehtisch Zwei gerade etwas eingedöst war, sind wieder hellwach.

»Na, Thies, wat machst du denn hier? Ich denk, du bist in Paris.«

»Ja, wat denn? Mordfall! Flüchtiger Täter!«, hält Thies ihnen entgegen.

»Wissen wir doch!«, unterbricht ihn Klaas gleich, der ja immer mal gern als Assistent einspringt. »Ich hab doch eben die Fahndung rausgegeben. Eins neunzig, kurze blonde Haare, eventuell gefärbt, kräftige Figur, großkarierte Winterjacke.«

»Tja, min Jung, hier in Fredenbüll laufen die Fäden mal wieder zusammen«, stellt Oma Ahlbeck fest. Und dann entdeckt sie das pelzige weiße Etwas in Thies' Händen. »Hast dir bei dem Wetter jetzt 'n Pelzmuff zugelegt?«

»Hertha, der Muff lebt noch«, stellt Piet Paulsen klar. »Aber was is dat überhaupt? 'ne Katze?«

»Die is adlig«, beantwortet der Schimmelreiter die Frage. »Fudi … Thies, wie heißt der noch?«

»Fjodor, der gehört Frau Ignatowski«, antwortet Thies, als müssten alle die russische Gräfin kennen.

»Ignatowski?« Antje horcht auf.

»Die gehört auch zu der Reisegruppe nach Paris. Und er hier is mir hinterhergelaufen. Ich hab dat erst gar nicht mitgekriegt.«

Bei Susi stellen sich die Haare auf. Fjodor faucht die Imbisshündin kurz an, dann widmet er sich höchst interessiert den Auslagen hinter Antjes Glastresen und drückt sich die ohnehin schon platte Nase noch platter.

»Ja, er war ganz wild auf deine Heringe aus dem ›Croque Störtebeker‹. Hatte Heike ihm vorhin spendiert«, erklärt Thies.

Da lässt Antje sich nicht lange bitten. In Windeseile schneidet sie ein Matjesfilet in kleine Bissen, richtet sie auf einem kleinen Teller an, den sie unter Stehtisch Zwei platziert. Mit einer einzigen schnellen Bewegung befreit sich die Perserkatze aus Thies' Armen, verpasst ihm im Absprung noch einen Kratzer auf seiner Hand und stürzt sich auf ihre Beute. Susi beobachtet das wenig amüsiert aus den Augenwinkeln.

»Und die andern sind jetzt ohne dich nach Paris?«, fragt Antje.

»Heike is bestimmt begeistert«, vermutet Klaas.

»Komm, hör bloß auf, die dreht am Rad. War ja schon alles gebucht, Bootsfahrt auf der Seine, Rundfahrt ›Paris bei Nacht‹ mit Moulin Rouge und allem Drum und Dran.« Thies steht das schlechte Gewissen ins Gesicht geschrieben.

»Gegen Reeperbahn kannst du dat vergessen. Ich war vor vierzig Jahren ja auch mal unten in Paris. Internationale Landmaschinenmesse.« Paulsen winkt ab und schüttelt den Kopf.

»Sag mal, Thies, wat war dat denn bei euch im NOE? Eine oder sogar zwei Tote?«, will Klaas jetzt mal die Information aus erster Hand bekommen.

»Ja, wir sind mit dem Zug ja gleich steckengeblieben, und dann saß am nächsten Morgen diese Agathe Christiansen erwürgt auf der Toilette«, rekapituliert Thies.

»Und jetzt hab ich sie draußen im Kofferraum vom Mustang dabei«, ergänzt der Schimmelreiter.

»Dat war ja wohl die Lateinlehrerin von Telje und Tadje, oder?« Klaas möchte es noch mal genau wissen.

»Die hatte allerlei Feinde, wie sich herausgestellt hat. Da hatte eigentlich jeder ein Mordmotiv.«

»Wegen schlechter Zensuren?«, fragt Oma Ahlbeck mit betont ernster Miene. »Gut, dat wir kein Latein hatten, was, Kurt?«

»Und dann gab es eben noch einen weiteren Mordversuch«, fährt Thies fort. »Das hab ich gerade noch verhindern können. Dat war die Lundius-Schmale, die Juniorchefin von deiner Landmaschinenfirma, Piet.«

»Und Lundius, also ihr Mann, is doch auch ermordet worden, weißt du doch auch schon, oder?«, fragt Klaas.

»Wir haben den praktisch entdeckt, nä, Kurt?«, schaltet sich Frau Ahlbeck ein.

»In einem Auto, einem Elektrofahrzeug, da saß er am

Steuer, und im Kofferraum lag Ihr junger Kollege, schlimm sah das aus.« Ihr Kurschatten wiegt den Kopf.

»Ja, Kurt hätte am liebsten gleich den ganzen Wagen gesaugt. Aber da hatten eure Spusis wat dagegen.«

»Hat Hauke mir eben schon erzählt. Habt ihr schon Neuigkeiten aus dem Krankenhaus?« Thies bekommt sofort seinen Kuhblick.

»Er schwebt noch zwischen Leben und Tod.« Bei dem Satz legt Klaas alle Dramatik in die Stimme.

»Is 'n Wunder, dass er dat überhaupt überlebt hat«, meint Antje. »Bei der Kälte den ganzen Tag im Kofferraum.«

»Und dat auch noch in dem Kleinwagen.« Oma Ahlbeck fühlt mit. »Der lag da stundenlang zusammengekrümmt in dem engen Kofferraum von dem Mietfahrzeug. Da hätten sie man ruhig 'n Upgrade nehmen sollen.«

Fjodor sitzt mittlerweile auf Bountys Stammplatz, dem Hocker an Stehtisch Eins, und schnurrt. Susi sieht demonstrativ an ihm vorbei und gähnt.

Klaas ist dagegen immer noch hellwach. »Sag mal, Thies, gibt dat eigentlich einen Zusammenhang zwischen der toten Lateinlehrerin, dem erschossenen Schmale und dem Mordversuch an seiner Frau?«

»Dat is die große Frage.«

56

Der Altonaer Bahnhof ist zu nächtlicher Stunde fast ausgestorben. Nur ein paar schwer angeheiterte Jugendliche stolpern grölend durch die Halle.

»Ruhe hier, ihr Spacken, Schlafenszeit!«, brüllt ihnen ein Obdachloser hinterher, der sich mit Schlafsack und einem Nachttrunk vor einem Backshop eingerichtet hat.

Frau Lundius-Schmale hat in Elmshorn den Zug verlassen, der Ex-Schüler Daniel Koop hat sich ebenfalls verabschiedet, nachdem er bei Monsieur Picon seine Adresse und Handynummer hinterlassen hat. Und der Täter Dankert Blaschek ist flüchtig. Die übriggebliebenen Teilnehmer der Reisegruppe laufen wie aufgescheucht durch die leere Bahnhofshalle. Die dramatischen Ereignisse sind nicht spurlos an Monsieur Picons Schützlingen vorbeigegangen. Auch der Reiseleiter selbst muss immer noch an Madame »Lündius'« seltsame Reaktion auf den Tod ihres Ehemanns denken, sodass er sich gar nicht recht auf die Organisation der Weiterreise nach Frankreich konzentrieren kann. Der Schlafwagen nach Paris über Köln und Aachen soll in Kürze einfahren und zum Einstieg bereitstehen. Ein Bahnbeamter stellt am Infostand gerade neue Tickets für die Schlafwagenabteile aus.

Onno von Rissen und Bounty nutzen die Wartezeit,

um ganz vorbildlich die leeren Rotweinflaschen im Glascontainer zu entsorgen. Die Damen von Rissen, Müller-Siemsen und Giselle werden jetzt von der Müdigkeit überwältigt und drohen auf den Bahnsteigbänken einzudösen.

Gräfin Ignatowski dagegen ist in Aufruhr. Seit einer halben Stunde läuft sie rufend durch den Altonaer Bahnhof. »Fjodor! Fjoooodor! Wo bist du nur wieder abgeblieben?« Sie stakst durch die ganze Bahnhofshalle. »Und meinen Kimono hat dieser Beamte auch beschlagnahmt«, schimpft sie. »Zustände wie während der Russischen Revolution.«

Auch Heike findet keine Ruhe. Seit Thies den Zug verlassen hat, ist sie außer sich. Er hatte ihr fest versprochen, dass sie zusammen nach Paris reisen. Kein Mordfall könne ihn abhalten. Zur Not müsse Nicole eben mal ohne ihn auskommen. Und ausgerechnet jetzt muss Frau Oberkommissarin, die dumme Kuh, wieder schwanger werden, schimpft Heike im stummen Selbstgespräch vor sich hin. Und statt des für Thies und sie vorgesehenen romantischen Zweipersonenabteils ist sie jetzt auch noch auf ein Mehrbettabteil umgebucht worden, das sie womöglich mit schnarchenden Fremden teilen muss.

Heike Detlefsen ist aufgewühlt und richtig wütend, als aus ihrer Handtasche das vibrierende Brummen ihres Handys kommt. Auf dem Display leuchtet Thies' Name auf. Einen Augenblick überlegt sie, ob sie überhaupt rangehen soll. Aber dann hofft sie, dass er es sich doch anders überlegt hat und gleich nachkommt.

»Na, Thies, wat is los?« Der schnippische Ton ist unüberhörbar.

»Ja, was soll sein. Ich wollt mich einfach noch mal melden. Seid ihr in Altona gut angekommen?«

»Ja, wir sind jetzt in Altona. Wo steckst du denn überhaupt?«

»In ›De Hidde Kist‹.«

In Heike kocht sofort wieder die Wut hoch. »Das darf ja wohl nich wahr sein. Statt mit mir zusammen nach Paris zu fahren, sitzt du mal wieder in der ›Hidden Kist‹. Ich glaub es nicht!«

»Ja, nee, dat is anders, als du denkst. Der Imbiss is praktisch Einsatzzentrale, weil ... Wache war ja nich besetzt, und deshalb hatte Klaas kurzerhand ...«

»Thies, ich will dat gar nich weiter hören! Bleib bloß in deiner ›Hidden Kist‹ ... und ich geh dann mal in den Schlafwagen ins Sammelabteil, oder wie dat heißt.«

»Sammelabteil?« Aus Thies' Stimme ist das schlechte Gewissen herauszuhören.

»Ja, mein Lieber, wir beiden hatten eigentlich ein superromantisches Schlafwagenabteil für zwei Personen. Weil du nich da bist, haben sie mich in das Abteil mit mehreren Betten oder Liegen verlegt, keine Ahnung«, schäumt es aus Heike heraus. »Von Abteil Nummer Vierzehn in Sechsunddreißig, Platz Hundertsiebenundvierzig.«

»Hundertsiebenundvierzig?« Thies macht eine Pause. »Heike, sag dat noch mal!«

»Hundertsiebenundvierzig. Wieso?«

»Dat is es!«

»Na klar, ich hab ja die Fahrkarte in der Hand.«

»Ja, nee, dat is die Lösung des Falles!« Von schlechtem Gewissen ist auf einmal nichts mehr zu hören. »Heike, du hast unsern Fall gelöst!«

»Drehst du jetzt völlig durch?«

»Es geht um vertauschte Plätze im Zug. Agathe Christiansen saß auf einem Platz, auf dem normalerweise die Lundius-Schmale sitzt. Eigentlich sollte die ermordet werden und nich die Lateinlehrerin.« Thies macht eine Denkpause. »Der Täter wusste vermutlich nich, wie sie aussieht, sondern kannte nur die Sitzplatznummer. Deshalb hat er die Falsche erdrosselt, und bei der Richtigen bin ich dann dazwischengekommen.«

»Thies, jetzt bekomm ich das doch mit der Angst zu tun.«

»Wieso?«

»Na ja, ich hab doch jetzt auch die Plätze getauscht.«

57

Für Oma Ahlbeck und ihren Bekannten ist es jetzt wirklich spät geworden. Die beiden sind rund um die Uhr im Einsatz. »Ich will dir wat sagen, im Alter braucht man nich mehr so viel Schlaf.« Aber Kurt ist jetzt doch erledigt. Er muss sich voll konzentrieren, damit er mit seinem Opel nicht von der verschneiten Straße am Deich im Graben landet.

»Kurt, fahr bloß vorsichtig, dat is rutschig!«, tönt seine Bekannte mit rollendem R. Im Gegensatz zu ihrem Freund ist Frau Ahlbeck nach all den aufregenden Ereignissen regelrecht überdreht. Kurt dagegen ist müde und in Sorge um sein Auto. Die gegen die Schutzbleche krachenden Eisplacken verursachen ihm körperliche Schmerzen. Gedanklich ist er mit seinem Wagen schon in der Waschanlage.

Außer den beiden ist auf den Straßen kein einziges Auto mehr unterwegs. Die ganze Gegend ist wie ausgestorben. Doch als von Weitem das Blinklicht der Baustelle am Deich in den Blick kommt, sehen sie Rauch aus dem kleinen Rohr im Bauwagen in den Nachthimmel qualmen. Und dann meint Kurt auch gleich, den Geruch von verbranntem Holz zu riechen, den die Lüftung des Opel in den Innenraum bläst.

»An der Baustelle wird noch gearbeitet«, bemerkt Kurt. Ein Stück von der Baubude entfernt steht ein Auto, das nicht eingeschneit ist.

»Komisch«, findet Frau Ahlbeck, »Bauarbeiten mitten in der Nacht?«

»Die wollen vielleicht vor Ostern noch fertig werden.«

»Da is einer in 'ner karierten Jacke wat am Transportieren ... Wat arbeiten die denn nachts noch? Wat transportiert der da?«, fragt sich die Rentnerin. »Der schleppt da einen raus.«

»Hertha, da sollten wir uns am besten heraushalten«, schlägt ihr Bekannter vor.

»Kurt, halt mal an! Ich glaub, dat is der nächste Tote.« Oma Ahlbeck hat sich in ihrem Sicherheitsgurt nach vorne gebeugt und klebt jetzt direkt hinter der Frontscheibe.

»Meinst du?« Doch statt zu bremsen, tritt der Kurschatten aufs Gas.

»Nee, der lebt nicht mehr. Der hat so wat wie 'ne Eisenstange im Kopf, weiß auch nich. Dat Teil steckt ihm noch im Kopf.« Im Vorbeifahren dreht sie schnaufend ihren ganzen Oberkörper auf dem Beifahrersitz.

»Kurt, dat war der nächste Mord. Gibt's doch nich. Die Fälle häufen sich aber mal wieder.«

»Meinst du wirklich? Noch ein Mord?«

»Der is erdolcht worden mit ... ja, weiß auch nich ... mit 'ner Eisenstange, sah aus wie so 'n Schürhaken.« Frau Ahlbeck versucht sich schwer atmend noch weiter umzudrehen, und hat jetzt auch den Rauchgeruch in der Nase. »Sollen wir nich doch noch mal umkehren?«

»Auf keinen Fall!« Kurt bekommt es mit der Angst zu tun. »Hertha, wir müssen Thies Detlefsen und am besten auch gleich der Kommissarin Bescheid geben. Ganz schnell!«

58

Nicole hatte sich gerade hingelegt. Niggi hat ihr noch einen Kräutertee ans Bett gebracht und das Baby ist offenbar auch endlich eingeschlafen. Vom Bett aus blickt sie sich in dem noch nicht eingerichteten Schlafzimmer um. Die schönen alten Dielen sind abgeschliffen. Der Geruch des Parkettöls mischt sich mit dem der frischen Wandfarbe. Nur die Fußleisten sind immer noch nicht montiert. Und dann hat der Schimmelreiter in einer Ecke noch ein Heft mit reichlich gewagten Tapetenmustern herumliegen lassen.

Aus einem Lautsprecher von unten kommt ›You do‹ von Aimee Mann, die Nicole mit in die Familie gebracht hat. Während sie so daliegt und Niggi und Finn in der Küche mit Geschirr klappern hört, malt sie sich das künftige Familienleben aus und döst dabei allmählich weg. Dann wird sie ganz plötzlich von dem Klingelton ihres Handys aufgeschreckt. Er ist nicht laut. Das Smartphone steckt noch in ihrem Parka, und der hängt an der gerade angebrachten Garderobe. Aber Nicole ist sofort wieder hellwach. Einen Moment wird der Signalton lauter, und dann nimmt Finn ab.

»Hallo, Frau Ahlbeck … nein, hier ist Finn … Mama hat sich gerade hingelegt, aber kann ich ihr was ausrichten?« Den Telefondienst hat Nicoles Sohn schon voll drauf. Niggemeier will ihm das Handy gerade aus der Hand nehmen, da wankt Nicole schon schlaftrunken in die Küche.

»Nicole, du musst sofort kommen!«, schreit Oma Ahlbeck in ihr Telefon. »Da wird grad 'n Toter aus der Baubude rausgeschleppt.«

»Die Bude an der Baustelle am Deich?« Die Kommissarin ist in den letzten beiden Tagen schließlich mehrmals an der Stelle vorbeigefahren.

»Er hat eine Eisenstange im Kopf! Schrecklich!«, ruft Kurschatten Kurt aus dem Hintergrund.

»Wir haben auch versucht, Thies anzurufen, um dich 'n büschen zu schonen, aber war besetzt«, entschuldigt sich Frau Ahlbeck. »Wahrscheinlich Akku leer oder zu laut in der ›Hidden Kist‹.«

»Ich bin schon unterwegs«, beteuert Nicole noch etwas müde und dann deutlich munterer. »Frau Ahlbeck, schalten Sie sich bitte nicht ein! Das könnte gefährlich sein! Versprochen?«

»Ja, Kurt meinte auch, wir sollten gleich 'n Stück weiterfahren und so tun, als hätten wir nichts gesehen. Is eigentlich nich unsere Art.«

»Und versuchen Sie bitte weiter, Thies zu erreichen, er soll ebenfalls zu der Baubude kommen.« Jetzt ist auch das Baby in ihrem Bauch wieder aufgewacht.

59

Nicole nähert sich im Schritttempo der Baustelle. Die Scheinwerfer ihres Zivilfahrzeugs hat sie ausgeschaltet. Das leise Motorgeräusch wird durch den Schnee zusätzlich gedämpft. Irgendwie hat sie das komische Gefühl, sie sollte nicht direkt vorfahren. Sie fühlt sich im Augenblick gar nicht gut. Ihr ist ein bisschen übel. Sie hat Krämpfe in den Oberschenkeln. Jetzt werden doch nicht etwa die Wehen einsetzen. Einen Moment lang wird Nicole panisch. Aber dann ist sie wieder ruhig. Für Wehen ist jetzt keine Zeit. Zumindest so lange nicht, bis Thies hier endlich anrückt. Von der »Hidden Kist« ist es eigentlich auch nicht weit. Aber sie hat von ihrem neuen Haus eindeutig den kürzeren Weg.

Sie stellt ihr Auto am Straßenrand hinter einem verschneiten Gebüsch ab, sodass es von der Baustelle aus nicht zu sehen ist. Sie steigt aus und drückt die Fahrertür vorsichtig zu, damit man kein Türschlagen hört. Das Geräusch, das von der Baustelle herüberkommt, lässt sie zusammenzucken. Das metallische Kreischen einer Maschine zerreißt die nächtliche Stille. Es klingt so ähnlich wie eine Kreissäge auf dem Bau. Es ist nicht mehr ganz so kalt, mittlerweile herrschen wieder Plusgrade. Trotzdem zieht sich Nicole die Fellmütze tiefer über den Kopf und zieht die Ohrenklappen herunter. Das Kreischen wird gleich leiser. Schritt für Schritt nähert sie sich der Baustelle. Sie bleibt dabei immer im Schutz des Knicks mit seinen Büschen, in denen immer noch dick der pappige Schnee hängt. Ihre Dienstwaffe hat sie aus dem Holster genommen. Die Walther P99 hält sie entsichert und mit festem Griff in der rechten Tasche ihres Parkas umklammert.

Das Kreischen der Säge wird immer wieder von einem kurzen Rumpeln unterbrochen, und der Krach der Maschine wird lauter. Auch die Ohrenklappen können die Geräusche kaum mehr dämpfen. Zunächst sieht sie nicht den Mann, der mit der Maschine hantiert. Zuerst bemerkt die Kommissarin rote Flecken in dem schmelzenden Schnee. Neben einem Haufen zersägter Äste liegen zerstreut Teile, die eindeutig nicht nach Kaminholz aussehen. Auf den ersten Blick glaubt sie rot verschmierte Kleidungsteile, Ärmel eines Jacketts, Hosenbeine und einen Schuh zu erkennen. Aber es ist nicht nur Stoff, nicht nur Leder oder ein anderes Material. Was, um Himmels willen, ist das? Nicole mag nicht glauben, was sie da sieht. Das sind keine normalen Sägearbeiten, das sieht eher nach Schlachterei aus.

Durch ein Gebüsch hindurch beobachtet die Kommissarin das Geschehen einen Moment lang. Dann schleicht sie sich vorsichtig näher heran. Jetzt hat sie den Mann in der großkarierten Holzfällerjacke im Blick. Was macht der Typ da? Und was ist das für ein seltsamer Apparat? Was an einer Seite eingeführt wird, kommt an der anderen Seite in kaminholzgroßen Stücken wieder heraus. Doch das sind keine Holzscheite für den Kamin, die aus dieser kreischenden Maschine herauspurzeln. Es erscheint ihr mehr wie Fleischpakete, nachlässig verpackt in braun-beige gestreiften Anzugstoff.

Der Typ in der Holzfällerjacke hievt tatsächlich den Körper eines Menschen in die automatische Säge. Er ist so sehr damit beschäftigt, die einzelnen Körperteile in den Trichter des Apparats zu stopfen, dass er die Kommissarin gar nicht kommen sieht.

Nicole ist fassungslos. Sie zieht ihre Walther aus dem Parka und überprüft, ob sie wirklich entsichert ist. Mit schussbereiter Waffe stapft sie vorsichtig Schritt um Schritt durch den Schneematsch. Jetzt sieht sie ein Bein mit einem Schuh aus dem Trichter der Maschine herausragen. Inzwischen hat sie sich dem Typen und der kreischenden Säge bis auf wenige Meter genährt.

»Hier spricht die Polizei!«, schreit Nicole und richtet ihre Waffe auf die karierte Holzfällerjacke. Schalten Sie die Maschine aus und nehmen Sie die Arme über den Kopf!« Im selben Moment merkt sie, wie unsinnig diese Aufforderung ist. Den Besitzer des Beines mit dem Schuh wird sie dadurch nicht mehr retten können.

Der Typ kommt auch keiner ihrer Aufforderungen nach. Er stellt die Säge nicht ab und nimmt auch die Arme nicht hoch, sondern läuft sofort in weit ausholenden Schritten auf die verschneite Wiese hinaus. Er dreht sich nicht um, sondern rennt, so schnell es der pappige schmelzende Schnee zulässt. In dem Trichter des Sägeapparates hüpft das Bein mit dem Schuh auf und ab, als weigere es sich, weiter von der Mechanik erfasst zu werden.

»Stehen bleiben! Ich schieße!« Die Kommissarin gibt einen Warnschuss ab, der über die Landschaft hallt und das Geräusch der Säge übertönt.

Der Mann läuft trotzdem weiter. Nicole zielt mit der Waffe in beiden Händen nicht auf die karierte Jacke, sondern auf die Beine. Sie schießt einmal und dann ein zweites Mal. Ein Schrei hallt durch die Nacht, Denny stolpert noch ein paar Schritte auf die offene verschneite Wiese, dann bricht er zusammen. Die Kommissarin stapft ihm mit gezogener Waffe vorsichtig hinterher. Und dann hört sie das Röhren des Mustangs vom Schimmelreiter, gegen das die Kreissäge keine Chance hat, und das satte Knallen von zwei Autotüren.

»Nicole! Hast du ihn zu fassen?! Halt ihn in Schach. Ich bin da!«, hallt es zu ihr herüber.

Thies! Endlich! Nicole spürt eine tiefe Erleichterung. Sie könnte ihren Kollegen küssen. Stattdessen geht sie langsam weiter auf den Täter zu, der sich die Wunde im Bein hält und sich dann wieder hochrappeln will.

Sie ist auf einmal wieder so müde, dass sie auf der Stelle einschlafen könnte. Aber wenigstens sind die Krämpfe im Oberschenkel vorbei.

Währenddessen hat Thies sie überholt und baut sich mal wieder ohne Waffe direkt vor Blaschek auf. »Polizeidienststelle Fredenbüll, Hauptmeister Thies Detlefsen, Sie sind verhaftet!«

60

Es ist ein strahlend sonniger Ostermorgen. So überraschend der Schnee gekommen war, so schnell ist er auch wieder verschwunden. Die Temperaturen sind innerhalb der letzten beiden Tage um fünfzehn Grad gestiegen. Nur ein paar letzte Schneeflecken tauen noch an den sonnengeschützten Stellen der Wiesen vor sich hin. Der Plastik-Osterhase liegt schlapp zwischen ein paar Schneeglöckchen im feuchten Gras. Die Schafe stapfen schon wieder über die matschig gewordenen Deiche.

Nicole ist ganz schwummerig im Kopf. Ihr Kreislauf spielt bei diesen heftigen Wetterumschwüngen verrückt. Aber von sich ankündigenden Wehen merkt sie nichts mehr. Schließlich ist der Stichtag ja auch noch ein bisschen hin, eine Woche vor Himmelfahrt. Glücklicherweise hat Thies vor seiner Abreise nach Paris noch alles auf den Weg gebracht. Er hatte bis zum Eintreffen des Krankenwagens den Täter bewacht und zur Bewachung dann einen Husumer Beamten ins Nordseeklinikum beordert. Hier verbringt Denny Blaschek in derselben Abteilung wie Ole Matthiesen die Ostertage. Danach soll er in die Justizvollzugsanstalt Hamburg-Fuhlsbüttel überführt werden, wo er auf seinen Prozess warten muss. Unter den quälenden Schmerzen der Schussverletzung und dem Eindruck der jahrelang erprobten Kreuzverhörtaktik von Thies und Nicole hatte Blaschek noch auf der Trage den versehentlichen Mord an Agathe Christiansen und den versuchten Mord an Polizeianwärter Ole Matthiesen gestanden. Um sich zu tarnen und die Mitreisenden zu irritieren, habe er sich mit dem roten Kimono von Gräfin Ignatowski verkleidet und der Dame aus Wagen Eins, Platz Vierundzwanzig, auf ihrem Gang zur Toilette aufgelauert. Das alles sei eine unglückliche Verwechslung gewesen. Eigentlich sollte er im Auftrag des Landmaschinenhändlers Gerd Lundius dessen Frau umbringen. Der angeschossene Blaschek tat so, als könne ihm diese Verwechslung mildernde Umstände einbringen.

Nachdem das alles erledigt war, hatte der Schimmelreiter seinen Imbisskumpel auf die Schnelle zum Altonaer Bahnhof gebracht, wo der Fredenbüller Polizist in aller Herrgottsfrühe den nächsten Zug über Köln nach Paris genommen hat. »Wenn der Lokführer ’n büschen Gummi gibt, dann holst du die anderen noch ein«, meinte Hauke.

Inzwischen haben sich Carstensen und die Kriminaltechnik mit ersten Ergebnissen gemeldet. An der rechten Hand des toten Lundius hat der Gerichtsmediziner Schmauchspuren nachgewiesen. Von einer Selbsttötung ist die Kommissarin trotzdem nicht überzeugt. Lundius ist Linkshänder, wie Nicole sich erinnerte und sich von dem Werkstattleiter noch einmal bestätigen ließ. Kappe kann den Mord nicht mehr gestehen, aber er ist sicher der

Mörder. Dies bestätigt auch die Aussage seines Komplizen Blaschek.

Die Imbisstüte aus der »Hidden Kist« mit dem Geld für den Auftragsmord liegt bislang in der Asservatenkammer der Polizeidirektion in Kiel. Dem jungen Polizeianwärter Ole geht es den Umständen entsprechend ganz gut. Er hat am Ostermorgen Besuch von seiner Mutter. Sie hat ihm einen ganzen Korb mit Marzipaneiern ans Krankenbett gestellt, die ihm in dieser Menge gleich schwer im Magen liegen.

Die Fredenbüller suchen derweil noch Ostereier. Finn und auch Telje und Tadje zuliebe haben Antje und Piet Eier in der »Hidden Kist« versteckt und sich dabei ein paar raffinierte Orte überlegt: im Korb der abgelassenen Fritteuse, in einer zu den Fliesen gedrehten Suppenkelle, eingeklemmt im Spritzschutzgitter, hinter einer Kante der Dunstabzugshaube, zwischen Gewürzdosen und in der Münzmulde des »Explosion Compact«. Die weniger hoch liegenden Verstecke im Schirmständer, in den Waben des Fußabtreters und im Untergestell von Stehtisch Eins hatte die schokoladensüchtige Susi sofort zielsicher entdeckt und die Schokolade auf der Stelle vertilgt. Telje konnte ihr im letzten Moment noch das Stanniolpapier aus der Schnauze ziehen.

Angesichts des plötzlich einsetzenden Frühlingswetters hat Nicole das weitere Ostereiersuchen an den Deich nach Neutönninger Siel verlegt. Die Wiese an der Badestelle ist noch ziemlich feucht. Aber Nicole und

Niggemeier haben auch hier im Freien ein paar hübsche Verstecke gefunden. Finn läuft suchend zwischen DLRG-Häuschen und den Strandkörben umher, von denen noch ein paar letzte Tropfen Tauwasser triefen.

»Heiß! Kalt!«, rufen Antje, Klaas, Nicole und Niggemeier abwechselnd durcheinander, während Finn und Susi gegeneinander Schokoeier suchen. Gegen die Imbisshündin muss sich Finn richtig anstrengen. Nur Piet Paulsen hätte sich das Eiersammeln eigentlich lieber weiter von Stehtisch Zwei aus angesehen.

»Hier, guckt mal!«, ruft Finn und fischt ein Krokantei aus dem Inneren einer Strandkorbmarkise.

Dann läuft er weiter zum DLRG-Häuschen. »Heiß, ganz heiß!«, rufen Antje, Telje und Tadje, die diesmal mit versteckt haben. »Gleich verbrennst du dir die Finger!« Der Sohn der Kommissarin fischt ein halb durchweichtes Ei hinter einem Brett hervor und stürzt gleich weiter zum nächsten Strandkorb.

»Kalt! Eiskalt!«, signalisiert Niggemeier, worauf Finn zum nächsten Strandkorb mit der aufgesprühten Nummer Null-Siebenundfünfzig stürmt. Er untersucht die Markise, das Sitzpolster und die kleinen Klapptische auf jeder Seite.

»Nee, ganz kalt«, wollen Telje und Tadje ihn bremsen. Aber da zieht Finn bereits an einer der Fußbänke des Strandkorbs.

»Hier is noch was anderes versteckt!«, ruft er und zieht einen Beutel oder ein Paket aus dem Inneren der Fußbank. Susi kommt auch gleich angelaufen und schnüffelt an dem Strandkorb. »Was ist das? Vielleicht noch 'n Geschenk zu Ostern?«

»Ein Geschenk?« Nicole blickt irritiert. Oder tut sie nur so?

»Was ist denn das?« Finn glaubt sie durchschaut zu haben. Und dann hat er den Beutel herausgezogen. »›Acker unter Strom‹?« liest er laut vor. »Was heißt das denn?«

»›Acker ... unter Strom‹!«, rufen die anderen durcheinander.

»Dat is doch der neue Slogan von Schmale«, fällt Paulsen ein.

Finn greift in den Beutel und zieht ein Geldbündel heraus. »Mama, guck mal. Ganz viel Geld!«

61

Seit seiner Verurteilung wegen Mordes an der Lateinlehrerin Agathe Christiansen und seinem Komplizen Kappe sowie des versuchten Mordes an dem Polizeianwärter Ole Matthiesen und Frau Lundius-Schmale sitzt Dankert Blaschek in Santa Fu, der Justizvollzugsanstalt Hamburg-Fuhlsbüttel ein. In der schlecht beheizten Zelle friert er ständig, und sein geschwätziger, wegen mehrfacher Geldfälschung verurteilter Zellennachbar beschwert sich über Blascheks Wortkargheit. Dafür ist er Sudoku-Meister von Santa Fu. An dem Wettbewerb hatten aber auch nur drei Insassen teilgenommen.

Die Geldbündel in der Tüte der »Hidden Kist« wurden an Sonja Lundius-Schmale zurückgegeben. Wem das Geld gehört, das Finn beim Ostereiersammeln in Strandkorb Nummer Null-Siebenundfünfzig gefunden hat, gehört, ist immer noch nicht endgültig geklärt. Es befindet sich noch in der Kieler Asservatenkammer.

Am Husumer Theodor-Storm-Gymnasium wurde die Nachricht von Agathe Christiansens Ermordung provozierend gelassen aufgenommen. Seit eine junge Kollegin ihre Stelle übernommen hat, sind die Kurse im Wahlfach Latein auf einmal hoffnungslos überlaufen. Polizeianwärter Ole Matthiesen ist vollständig genesen und trägt zur Sicherheit jetzt auch im Sommer Thermounterwäsche. Als Dankeschön an seine Lebensretter Oma Ahlbeck und ihren Bekannten Kurt hat er ihnen die große DVD-Box mit allen Miss-Marple-Filmen überreicht. Kurschatten Kurt hat sich überreden lassen, im Biohof Brodersen einen Kurs im Staubwisch-Yoga abzuhalten. Beim Gleiten des Wischmopps über die alten Holzdielen fallen die angereisten Großstädterinnen in wohlige Trance. Und so sauber und staubfrei war die alte Tenne noch nie. Nach erfolgreicher Bewährungsprobe im nächtlichen Nord-Ostsee-Express wurde der Bahnbeamte Dennis Wiese zu seinem eigenen Entsetzen als Schlafwagenschaffner in den Nachtzug Berlin-Istanbul versetzt.

Die automatische Kaminholzsäge der Firma Schmale wurde aus dem Verkehr gezogen. Auch bei den neuen Elektrolandmaschinen stockt der Absatz. Kurschatten Kurt wälzt noch die Kataloge für Elektroautos. Thies aber fährt auf Zureden seiner Töchter jetzt schon einen »Elektro-Schocker«, wie der Schimmelreiter es nennt. Sein altes Auto, mit dem Ole in der Schneenacht unterwegs war, wurde mit einem Feuchtigkeitsschaden aus dem Verkehr gezogen. Aber im neuen Fahrzeug hatte bei der Verfolgung eines Rasers am Hauke-Haien-Koog dann gleich die Batterie schlapp gemacht. Auch bei den Landmaschinen gab es eine Panne. In der Kohlerntemaschine eines Reusenbüller Landwirts hatte sich das Geschoss einer Pistole verfangen und den Mechanismus zum Stehen gebracht.

Das Kleinkaliber-Projektil konnte der Glock von Gerd Lundius zugeordnet werden. »Hat der Landmaschinenfritze den blöden Hasen erschossen?«, wundert sich Nicoles uniformierter Kollege in Husum. »Nein, es war ein anderer mit seiner Waffe. Aber bei aufblasbaren Gummihasen müssen wir glücklicherweise nicht ermitteln.«

Pünktlich in der Woche vor Himmelfahrt hat Nicole ihren kleinen Sohn Fiete zur Welt gebracht. Nach dem jahrelangen Hin und Her mit Niggemeier sieht es zurzeit nach einem harmonischen Familienleben aus. Baby Fiete verzaubert ganz Fredenbüll. Seinen ersten Sommer liegt er im Kinderwagen unter dem alten Apfelbaum im Garten des historischen Friesenhauses am Deich und strahlt alle Besucher an. Die beiden Patentanten Telje und Antje überbieten sich mit kleinen Geschenken in Form von Plüschhasen und Gummienten für die Badewanne. Nur sein großer Bruder ist ein bisschen eifersüchtig. Zum Trost hat Finn ein Meerschweinchen bekommen, das ihn sogar in »De Hidde Kist« begleitet und mit seinem ständigen Fiepen nicht nur Susi, sondern die ganze Imbissbelegschaft verrückt macht. Die Beziehung der beiden Eltern scheint zurzeit stabil wie noch nie. Zum letzten Geburtstag hat Nicole Niggi ihr Lieblingsalbum, Aimee Manns ›Bachelor No. 2‹, auf Vinyl geschenkt. Ein dezenter Hinweis, seinen Status als Bachelor vielleicht wieder aufzugeben und an eine neue Heirat zu denken.

Nach einem kurzen dritten Frühling in Paris ist bei Thies und Heike wieder der normale Ehealltag eingekehrt. Aber als Thies zwei Stunden nach den anderen am Gare du Nord aus dem Zug stieg, war Heike happy. Die Polizistengattin war von dem Pariser Flair ganz verzaubert. Ihr an Akrophobie leidender Ehemann dagegen wurde auf dem Eiffelturm von schweren Schwindelanfällen befallen. »Diese Höhen sind wir in Fredenbüll doch gar nich gewöhnt.« Als Thies auf dem Weg zum Montmartre über einen vermeintlichen Toten stolperte, wollte er gleich tätig werden. »Nein, lieber Detlefsen«, klärte ihn Onno von Rissen auf. »Das ist einer dieser Clochards, die gehören hier zu den Sehenswürdigkeiten.« Der Dorfadlige kommt mit drei alten Rotweinen aus Paris zurück und Madame Müller-Siemsen mit einem Mireille-Mathieu-Pagenschnitt, der ihr im »Salon Alexandra« alle paar Wochen nachgeschnitten wird. Von der für teures Geld gebuchten Bustour »Paris bei Nacht« mit angeleuchteter Sacré-Cœur und einem winzigen Glas Champagner im Moulin Rouge war Thies doch etwas enttäuscht. »Heike, diesen Cancan, dat kriegt ihr mit euren Fredenbüller Landfrauen doch auch hin.«

Monsieur Picon unternimmt neben den obligatorischen Sprachkursen an der VHS Bredstedt jetzt auch historische Streifzüge durch die europäische Kriminalgeschichte. Bounty hat neuerdings Songs von Jacques Brel und Georges Moustaki auf seiner Playlist, und Bass-Mann Niggemeier spielt Kinderlieder zur Gitarre. Die anderen Mitglieder von »Stormy Weather« sind noch nicht überzeugt und der Schimmelreiter ist entsetzt.

Auch sonst hat die Paris-Exkursion in Fredenbüll ihre

Spuren hinterlassen. Thies hat Piet Paulsen ein paar Schachteln »Gitanes Maïs« mitgebracht. »Fast noch besser als meine Zigarillos.« Antje wollte ihren Imbiss schon in »La boîte chaude« umbenennen. Nach vehementen Protesten der Stammbelegschaft blieb es dann doch bei »De Hidde Kist«. Die vorübergehenden Umbenennungen in der Speisekarte hatten alle noch gelassen hingenommen. An »Brochette à la Hawaii« und »Pain de poisson« hatten sich alle schnell gewöhnt. Auch das »kleine Frühstück« war nur eine sprachliche Umstellung. »Zeit für dat ›petit- déjeuner‹«, kräht Paulsen neuerdings morgens durch den Imbiss, worauf Antje ihrem Stammgast ein kleines Pils und einen Kurzen auf Stehtisch Zwei stellt.

Nach dem Mord an der Lateinlehrerin Agathe Christiansen kam es beim Nord-Ostsee-Express zu einem dramatischen Rückgang der Fahrgastzahlen. Marketingfrau Tadje arbeitet gerade an einer Kampagne, um der Regionalbahn eine neue Klientel zu erschließen. »Das ist das Fortbewegungsmittel im Tourismus. Voll nachhaltig«, verkündet sie begeistert vor versammelter Mannschaft in »De Hidde Kist«.

Außer dem schon bekannten »Rad & Rail« hat Tadje schon ein paar weitere Slogans parat: »›Rail & Ride‹, ›Rail & Hike‹, ›Rail & Swim‹ …«

»Wie ist es mit ›Rail & Rock‹?«, schlägt Telje vor und blickt dabei Bounty und den Schimmelreiter an. »Statt mit dem Motorrad mit der Bahn nach Wacken!«

»Heavy Metal mit der Bahn, ich glaub es hakt!«, protestiert Hauke.

Tadje sieht ihn streng an. »Ich denke, nach dem Mordfall sollte der Nord-Ostsee-Express auf sanften Tourismus setzen. ›Rail & Chill‹.«

»Oder auf Abenteuerurlaub«, überlegt Piet Paulsen. »›Rail & Kill‹.«

FRIESISCH-FRANZÖSISCHES CROSSOVER AUS »DE HIDDE KIST«

Heringsburger »Parisienne«

Baguette oder Hamburgerbrötchen mit Butter bestreichen und mit einem Salatblatt, sauer eingelegtem Bismarckhering, fein geschnittenen Perlzwiebeln und Cornichons belegen. Mit einer Sauce aus Mayonnaise und Dijonsenf bestreichen, gut pfeffern, eventuell mit etwas Dill garnieren und Brothälften zusammenklappen. Funktioniert sehr gut auch mit Räucherfisch, Heilbutt, Lachs oder Bückling (geräucherter Hering).

Friesisch-französische Zwiebelsuppe

Pro Person eine Zwiebel in Ringe schneiden, im Topf in etwas Butter nur leicht anschmelzen. Mit etwas Mehl bestäuben und dann mit Wein und Brühe ablöschen. Lorbeerblatt hinzufügen und zehn Minuten köcheln lassen. Wer mag, gibt dann ein paar dünn geschnittene Scheiben vom Mett-Ende oder luftgetrocknete Stracke dazu. Mit Pfeffer und Salz abschmecken. Getoastete Scheiben vom Baguette oder Graubrot auf die Suppe legen, mit gehobeltem friesischem Deichkäse belegen und unter dem

Ofengrill schmelzen. Wer das Brot gern kross möchte, grillt es getrennt und legt es vor dem Servieren auf die Suppe.

Matjes »Montmartre«

Getoastetes Brot oder Brötchen mit Matjes belegen, darauf ein paar dünn geschnittene Zwiebelringe verteilen und mit einer scharfen Soße aus Tomatenketchup, Knoblauch und einem mutigen Spritzer Tabasco würzen. Das Salzen kann man sich bei dem Matjes gern schenken. Dazu ein Glas Crémant und eine zerkratzte Vinylplatte mit Édith-Piaf-Chansons auflegen.

Mettbrötchen »Rue Mouffetard«

Statt Mett kann man ebenso gut Beefsteakhack nehmen. Das Gehackte mit einem Eigelb, Senf, kleingehackten Zwiebeln und Kapern mischen, gut pfeffern, mit einem Spritzer Sojasoße würzen. Brötchenhälfte oder Baguette-Stück mit Butter bestreichen, einem Blatt Radicchio und dem Tartar belegen und eventuell zusätzlich mit ein paar Zwiebeln garnieren.

Rollmops »Moulin Rouge«

Sauer eingelegten Bismarckhering mit Zwiebelringen, Kapern, etwas Chilischote (je nach Schärfe) und einem Stück Aprikose füllen. Mit einer Soße aus Senf, Mayonnaise, Knoblauch, Zitronensaft, geriebener Zitronenschale und einer Prise Curry und Kurkuma beträufeln. Das Ganze darf schön sauer und gern etwas schärfer sein. Statt Champagner trinken Klaas und Piet Paulsen an Stehtisch Zwei dazu dann ein kühles Pils.

Poulardensandwich »Provençale«

Getoastetes Baguette oder Brot mit Knoblauch einreiben und Olivenöl beträufeln. Mit Scheiben vom gegrillten nordfriesischen Bressehuhn, gegrillten Paprika- und Auberginenstreifen belegen. Darauf eine provenzalische Paste streichen. Hierzu Zwiebeln, Knoblauch, Paprika, Tomaten und Chili andünsten, ablöschen und pürieren. Mit Thymian, Rosmarin und Sardellenfilets würzen.

Mousse au Chocolat »After Eight«

(nach Rezept aus dem »Antik-Café« in Labenz)
1/2 Tafel Blockschokolade und 30 g Zucker in 75 ml Milch schmelzen. 2 Blatt Gelatine einweichen und zusammen mit der Schokolade verrühren, dann alles ab-

kühlen lassen. ½ Liter Sahne aufschlagen, ebenfalls unterrühren. Das Eiweiß von zwei Eiern schaumig schlagen und unterheben, 5 Stück After Eight (evtl. leicht anfrieren, damit sie weniger kleben) in kleine Stücke schneiden und ebenfalls unterheben. Mit Sahnetupfern und After-Eight-Stücken dekorieren.